老子的正言若反、莊子的謬悠之說……
《鵝湖民國學案》正以
「非學案的學案」、「無結構的結構」、
「非正常的正常」、「不完整的完整」，
詭譎地展示出他又隱涵又清晰的微意。

曾昭旭教授推薦語

願台灣鵝湖書院諸君子能繼續「承天命，繼道統，立人倫，傳斯文」，綿綿若存，自強不息。蓋地方處士，原來國士無雙；行所無事，天下事，就這樣啓動了。

林安梧教授推薦語

喚醒人心的暖力，煥發人心的暖力，是當前世界的最大關鍵點所在，人類未來是否幸福，人類是否還有生存下去的欲望，最緊要的當務之急，全在喚醒並煥發人心的暖力！

王立新（深圳大學人文學院教授）

人們在徬徨、在躁動、在孤單、也在思考，希望從傳統文化中吸取智慧尋找答案；另一方面是割不斷的古與今，讓我們對傳統文化始終保有情懷與敬意！依然相信儒家仁、愛之說仍有益於當今世界。

王維生（廈門篔簹書院山長）

鵝湖民國學案
呂榮海 賴研 蕭新水 洪文東 周隆亨 潘俊隆 陳蕙娟 陳明媛等35人 合著
台灣鵝湖書院
老子的正言若反、莊子的謬悠之說……
《鵝湖民國學案》正以
「非學案的學案」、「無結構的結構」、
「非正常的正常」、「不完整的完整」，
詭譎地展示出他又隱涵又清晰的微意。
曾昭旭教授推薦語
華夏出版

初心至簡

佛陀的身心靈悟語

川田洋一——著

世間的所有醫生，恐怕都不能洞察人類生老病死的根源，
也無法治療人的煩惱與業障的本源。

佛陀才是真正偉大的醫王，
原因是他能擊破人類生老病死的根源、煩惱與業障，
引導世人得到身心自在的生活。

前言

醫者的初心

俗稱佛經爲「八萬法藏」，其中不乏醫學的書。

依照西醫的分類，可從解剖學、生理學、藥物學、病理學，直到外科、內科、婦產科、小兒科、皮膚泌尿科、眼科、耳鼻喉科和營養科等，遍及各個領域。更重要的是，在世尊領導下，一群佛弟子都在實踐慈悲，才能形成佛教倫理學。

本書也介紹各個領域的知見，例如《四分律》、《五分律》、《摩訶僧祇律》等戒律佛經，以及大乘方面的《法華經》、《涅槃經》、《華嚴經》、《金光明經》等。另外，從龍樹的《大智度論》、天台的《摩訶止觀》裡也吸收不少佛教的醫學知見。

佛教醫學除了以佛教的生死觀、生命觀爲基礎，還一面吸取印度吠陀醫學，一面融合中醫藥學，此外也攝取日本日蓮大聖人的佛法，才綜合成一部紮實的佛教醫學書。

遺憾的是，二十一世紀的今天，佛教醫學的光彩似乎只停留在佛教史和佛經裡，佛教醫學的知見，不能跟佛教與人類的需求並駕齊驅。

近代西醫引起的課題，例如成人病、神經症、精神衰弱等諸多相關症狀，甚至包括醫療倫理及人類的生死倫理課題，紛紛從新觀點來探討，而佛教醫學也很重視這些。

縱使世尊和龍樹當初遇到的問題，跟今天的腦死、植物人、內臟移植、人工受精等無關，殊不知佛教如何解決生老病死等人類苦惱的智慧和慈悲行爲，對我們依然扮演指示的角色，不能等閒視之。

目錄

第一部

佛教醫學倫理

第一章　東方醫聖耆婆

投師學醫

如果不提到耆婆，佛教醫學簡直談不下去。長期以來，耆婆的大名一直響遍東方社會，人稱「醫聖」，比起西洋的名醫希波克拉底，毫無遜色。

日本的日蓮大聖人在《御書》裡，處處提到耆婆這位佛教史上的名醫。耆婆也以醫生的身分，常常讚嘆世尊這位人類的導師。在耆婆眼裡，世尊實在是各方面的導師。耆婆之所以能夠稱爲名醫，無疑是一輩子得力於世尊，所以他對佛教的眞理十分恭敬。

有一次，阿闍世王因爲業障而患了一場大病，幸虧世尊救了他。

佛教醫學因爲得到當代第一名醫耆婆的協助，才形成世尊的醫學。所以，世尊也是佛教醫學的始祖，佛經上始終稱世尊爲「大醫王」。

佛經裡，到處出現世尊與耆婆的治療事跡。佛經堪稱醫學的智慧寶庫，隨著現代西醫的發展，亮光也愈來愈強勁有力。

關於這位東方醫聖耆婆的出身和經歷，一直沒有完整和確實的資料，但他的功績在許多佛經裡都被寫得很詳盡。

佛經的記載有若干差異，現在，不妨以《四分律》爲中心，逐步探究耆婆的成長過程。

事實上，耆婆是一個妓女的次子。因爲王舍城有一個妓女名叫「婆羅跋提」，一直被世人看作耆婆的親生母親。

至於耆婆的父親，倒有許多不同說法。依照《㮈女祇域因果經》上說，他的父親是瓶沙王（頻婆舍羅王），而《四分律》記載這位國王的兒子叫「無畏」。《四分律》上有一段話寫得很清楚：當時，王舍城有一個女孩叫作婆羅跋提，端莊無比。……瓶沙王的兒子，取名無畏，跟他同居的妓女後來懷孕了。……滿月生下一個男孩，相貌端莊。

總之，婆羅跋提跟瓶沙王的兒子無畏共宿一夜，不久生下這個男孩。

依照那時的印度風俗，凡是妓女生下的男嬰都會被遺棄，這個男嬰呱呱墜地時，就被人用一件白衣包著丟在路邊。次晨，王子無畏正在趕路，途中發現一堆白衣物。停車後，命車夫前去調查，原來是被人丟棄的男嬰。王子問是生是死？車夫說還活著，王子無畏就帶這個孩子回宮，叫奶媽好好扶育他。

這個棄嬰就是耆婆了。後來，耆婆平安地長大，有一天，無畏問他將來要從事哪一行？

無畏與耆婆說話形同父子，父親問他：「如果你無特殊才藝，到哪裡都不可能成就事業，你總要有一技之長。」

孩子覺得父親的話頗有道理，自己總要有一技之長，只是不知該學哪些技能才好？他百般思慮的結果，才決定去學習醫術。可見他學醫的動機很平凡，不過，他後來成為名醫，千古流芳。

也許當時一般人都習慣做醫生，耆婆也不例外，以當時的情況來看，他跟其他年輕人完全一樣，平平凡凡。

且說年輕的耆婆，為了學醫到處找尋名師，當時，得叉尸羅國是印度文化最發達的地方，耆婆也動身去那裡。據稱得叉尸羅國是醫學中心，醫學教育很發達，而且，世尊和一群弟子也在該地被尊稱為「大醫生」。

耆婆到了得叉尸羅國，探悉有一位醫師名叫「賓迦羅」，醫術首屈一指。他來到對方的寓所央求：「我想拜你爲師，學習醫術，請你教我好嗎？」賓迦羅一口承諾。之後，耆婆在他那裡學醫七年，最後才通過老師的面試，那是一種畢業考試。

當時的情景，佛經上也有記載。

他來到老師的住所坦述：「我想向您學醫術，請指點我。」當時，老師遞給他一個籠子和掘草的工具。說道：「你要在得叉尸羅國一由旬的地方找尋各種草，還要把非藥草拿回來。」

那時候，耆婆好像接到大王的命令，即刻在得叉尸羅國面積一由旬處，找尋非藥草，但是，周圍一帶始終沒有非藥草，因爲他所看見的一切草木，只要好好分辨，了解它的用處特質，全部都能當藥物。

於是，他空手回到老師的住處，很爲難地向老師說：「我現在才知道在得叉尸羅國要找尋非藥草根本不可能。因爲我看見的所有草木，只要能夠分辨它的性質，全部都有用處。」

這項考試實在有趣。佛教醫學裡，食物與藥物之間，並沒有嚴格區別。一切食物全靠用法來決定，有些屬於食物，有些只要善用它的特質，照樣能當妙藥用，相反地，如果誤用草木的性質，它就變成了毒藥；所有醫師都得懂它的用法與份量多少。耆婆的醫術遭到老師這樣嚴格的質問，才算通過資格考試。由此可見，佛教醫學的藥物全是生藥，也就是自然的草木。老實說，這些自然界的草木，到目前仍然受到相當重視，都有利用價值。

賓迦羅吩咐耆婆，調查全國生長茂盛草木的特性、功能，命令他從中挑選不能當藥物用的花草樹木，意思是，如果不懂一切草木的成份與使用法，就不算通過這項醫生的資格考試了。

結果，耆婆過關了。因爲「找不到非藥的草木」，足以表現他的卓越能力。的確，他成了一位醫術非常優秀的醫生。

老師目睹這位弟子的成就，有一天，他把耆婆叫來：「你已經學成可以離開。目前你算是閻浮提最有成就的醫生，我死後，就由你來接棒了。」耆婆聽了暗中尋思：「從現在開始，我要去行醫救人，這個國家太小，沒有什麼好作爲，不如回國去。」

耆婆向師父保證，自己將會成爲舉世聞名的醫生，不久就回去了。

這就是佛教名醫耆婆的求學經過。不過，他若要具備醫學、醫術和醫道等三方面的更大成就，成爲當今醫聖，非得等到後來結識世尊不可。

耆婆學成回國

且說耆婆在賓迦羅處已學醫七年，接受嚴格的畢業考試，終於順利過關了，老師稱讚他以後會成爲世上首屈一指的醫生，之後，他離開得叉尸羅國了。據說告別時，老師問耆婆說：「你有生活費嗎？」接著遞給他一些路費，才送他離去。

根據《國譯大品》的記載，那筆路費在回到王舍城路上（也就是在沙計多這個小鎮上）花光了。耆婆只好下定決心：「以後的路程困難重重，既無水、又無糧，得找些路費了。」

結果，耆婆就在這裡大顯身手，開始行醫了。

根據《四分律》的記述，有一位長者的妻子頭痛十二年了，始終醫不好，十分煩惱，雖然看過許多位醫生，但都沒有效果。

耆婆聽到這項消息，立刻自告奮勇找到長者的住址。

他跟守衛說：「煩你轉告主人，門外有一位醫生。」守衛不敢怠慢，進去稟告：「門外有一位醫生。」長者的妻子問道：「醫生的形貌怎樣？」守衛答道：「只是一個年輕醫生。」她失望地暗忖：「連經驗老到的醫生們都醫不好，何況是年輕醫生呢？」她轉向守衛表示：「我現在不醫了。」守衛出來向耆婆說：「我進去問過女主人，她說：『我現在不醫了。』」

總之，長者的妻子疑心耆婆年輕，缺少臨床經驗，才拒絕他來診治。事實上也不能怪她，因爲她被一群經驗豐富的醫生看過都無效，怎敢放心年輕的醫生呢？

縱使困難重重，耆婆也不氣餒。因爲他對自己的醫術有信心，便對守衛表示：「如果我能醫好她的病，固然要索取費用，如果醫不好，就不取分文。」長者的妻子聽了，心裡暗想：「既然這樣，我也沒有損失。」耆婆才跟著守衛進去看病。

接著，問診開始了。

耆婆問她：「哪裡不舒服？」她指著頭說：「這裡痛。」他又問：「從哪兒開始的？」她答說：「從這兒引起的。」他再問：「痛多久啦？」她答說：「病痛一段時間了。」他問明白後，立即表示：「我會醫好妳的病。」

這個女患者說明自己的症狀，因為問診相當仔細。

當然，頭痛的原因很多，有時高血壓或腎臟病也會引起頭痛，有時頭痛也受到精神影響。另外如頭蓋內壓的變化等頭痛，常常會引發嚴重的疾病——腦腫瘤、腦膜炎、網狀膜下的出血等。

耆婆找到女患者的頭痛原因，才敢很快地吐露：「我會醫好妳的病。」他取出妙藥來，用酥煮溫，灌入女患者的鼻孔。讓酥與唾液均從女患者的口中流出來。只見病人用器物裝起來，收下酥，另外丟掉唾液。他這樣醫治，不久就把疾病醫癒。

由此判斷，長者妻子的頭痛原因，可能是慢性副鼻腔炎，也就是慢性的蓄膿症吧！

耆婆用妙藥跟煉乳一塊煎溫，再把藥汁從病人的鼻孔灌入，這種方法等於灌鼻法。結果，總算治癒患者長年難治的頭痛。

由鼻孔灌入藥汁，現代醫學也應用這種方法，可見耆婆的醫術非比尋常。

女患者用棉花將治療後的煉乳吸收起來，耆婆正在懷疑時，她說這些以後可用做證明。治療慢性的蓄膿症，無疑是耆婆當醫生後初露身手，堪稱現代的耳鼻喉科。長者的妻子以厚禮相贈，耆婆收下後，繼續趕路，準備回國去。

耆婆收下長者太太的重金以後，順利回到王舍城。他來到無畏王子面前，央求守衛：「你快進去稟告大王，耆婆在門外。」守衛進去據實稟告王子。

父子七年不見，一旦相逢，自然喜出望外。關於相見的情形，可從《國譯大品》裡窺知一二。

耆婆說：「請你收下這份養育的報酬吧。」王子回答：「耆婆啊，不必給我，你自己儲蓄起來，以後就跟我住在內殿裡吧。」耆婆一口答應。

耆婆跟無畏王子一起住在王舍城，而那裡也住著一位世尊的虔誠信徒——頻婆舍羅王。

手術頻婆舍羅王

頻婆舍羅王相當於耆婆的祖父，因爲他是無畏的父親。許多佛經指出這位摩竭陀國王早已皈依世尊，也是虔誠的大護法之一。

據《國譯大品》上說，世尊率領一千名比丘來到王舍城郊外，暫時在一所寺廟歇息。那時，該國的頻婆舍羅王聽說出身釋迦族的沙門——喬達摩成了佛陀，目前住在城外，他趕緊率領群臣來到世尊歇息的地方，很恭敬地問候，表示歡迎。

世尊明白國王心中所想，就依國王的央求，有次序地為他們說法，講解四聖諦的法門。當年，世尊剛剛出家，初次光臨王舍城時，曾經跟國王見過面，國王那時央求世尊如果覺悟成佛，要先回來引度自己，如今，國王聽說世尊實踐諾言，來到王舍城外，他大喜過望，很快成了一位在家佛教徒。那所著名的竹林精舍，正是他好心捐贈給佛陀的。

有一次，頻婆舍羅王患了痔瘻，呻吟不已。宮女目睹國王的衣服沾有血跡，忍不住開玩笑問道：「難道大王成了女人，來了月經嗎？」國王聽了不好意思，把無畏王子叫過來問話：「世上有沒有良醫能夠醫好我的病痛？」

無畏王子答道：「叫耆婆來醫治好了。他雖然年紀輕輕，但精通醫術，他一定能把大王的病醫好。」於是，國王喚耆婆進來，按照往例，開始問診了。

《四分律》上記載：耆婆問：「哪裡不舒服啊？」國王回答：「這裡痛得很。」耆婆又問：「病從哪兒發起？」答說：「病從這兒引起。」又問：「病了多久？」這樣問下去，最後回答：「我會幫您醫好。」

可見問診屬於公式化，跟現代醫生的問診完全一樣。

治療經過來自《國譯大品》，他用擦藥治療法，但在《四分律》上記載，耆婆曾經替國王動手術。

痔疾大體上分成痔核、痔裂和痔瘻等項。通常，用坐藥或軟膏等擦藥治療法就相當有效，但患痔瘻的情況一定得用手術治療。因此，國王的痔疾應該屬於痔瘻，耆婆才會採用手術醫治。

這種醫治法的確是他的獨創，非常了不起。

當時，耆婆拿出鐵桶，盛滿熱水，告訴瓶沙王（頻婆舍羅王）說：「進去水裡。」國王果然進入水裡。他吩咐國王：「坐在水裡。」國王立即坐下。他要國王「臥在水裡」，國王也聽命臥好。那時，耆婆用水灑在國王身上，念起咒語。國王逐漸睡著了。

總之，耆婆拿來一個大鐵桶，注入溫熱的水，再讓國王躺在水裡。之後，耆婆一面要國王浸在溫水裡，一面替他念唱咒語。很快地，國王呼呼入睡了。

顯然，這是一種催眠治療法。催眠病人像全身麻醉，恐怕耆婆是全世界的始作俑者。現在，心理學與醫學都普遍採用催眠治療法。

世人曾認為催眠太重視咒術，不斷排斥它。西方社會從十八世紀末起，開始重視和研究催眠法，今天，許多人已改正觀念，認為催眠不失為適當的科學方法。

耆婆吩咐國王慢慢躺在鐵桶裡，灌入溫水，讓他身心舒暢時才念誦咒語。不知他當時念了什麼咒語，也許相當於現行的暗示法，盡量讓病人「心情輕鬆」，「身體疲倦睡覺」，或「手腕沈重」起來。

也許類似時鐘或節拍器那樣，反覆唱起單調聲音與說話。反正耆婆以醫生的身分、態度與人格，取得國王的信任，便於催眠，藉此建立病人與醫生的關係。他慢慢放出水，迅速取出利刀，劃破國王的患處，將瘡口洗淨，再用妙藥擦上，塗上藥後，無異病除瘡癒，完全跟不長毛、沒患瘡的地方一樣。接著，他放水到桶裡，用水灑在國王身上念起咒語，國王便慢慢醒過來。

反正他迅速擦乾水，用手術解剖的小刀切開痔瘻，然後擦上妙藥，才完成手術。國王醒來後，卻吩咐耆婆快替自己手術。原因是，在催眠中的國王，根本不知道自己的手術經過。

顯然，這是善用催眠治病而成功的佳例。

最後，頻婆舍羅王央求耆婆：「你要醫治我的病，以及佛、比丘和宮裡所有人的病。」因爲那時的國王早已皈依世尊了。

耆婆結識世尊

到底耆婆何時見過世尊呢？僅就頻婆舍羅王很早皈依世尊這一點來判斷，時間可能稍微晚些。

世尊跟一群弟子在王舍城附近弘法以來，耆婆一定聽過這個消息。在此之前，他也許曾經跟祖父——頻婆舍羅王一起拜見過世尊。耆婆聽過世尊說法後，也成了在家佛教徒。關於這些經過，可見《五分律》的記載：

世尊住在王舍城時期，有一次，奶媽正在給耆婆洗澡，凝視他的身體，眼裡露出憎恨的神情。耆婆好奇地問她：「爲什麼以憎恨的神情看我？」奶媽答說：「你的身體雖然健美，可惜還沒有親近佛法僧，我才會憎恨你。」耆婆聽了讚嘆說：「善哉善哉，我正要好好聽聞這個教義。」

的確，耆婆已經成了當代名醫，尤其在外科技術方面，簡直無人出其右。但在他的生命中，還無心親近佛法，也許那位奶媽獨具慧眼，才看穿他這個缺陷。

事實上，不論一位醫生的醫術多麼高明，站在醫生的立場，必須懂得患者的心態，以慈愛心腸體諒患者的身心苦痛。這份慈愛除了親近世尊、領悟佛法以外，自己簡直無法培養出來。

耆婆不愧是有善根的名醫，立刻向奶媽道謝：「謝謝您指點我這件事。」之後，他迅速跑去拜訪世尊。

不消說，世尊也爲耆婆說法開導。

佛陀先教示各種妙法，讓他得些法喜，例如先說施論、戒論和生天論，展現這些助道法義，讓他明白在家人生活受盡煩惱的羈絆，以及出家可以脫離煩惱的執著。接著談到諸佛說的法，即苦集滅道的內涵。這樣，人才能遠離紅塵苦惱，得到清淨法眼，看得見法果。

所謂施、戒、生天等三論，在當時印度的學術界裡，無疑是最穩當的學說，世尊爲了讓他明白佛法的正確性，才說此淺近的導論。

第一項「施論」，屬於布施與慈善的話題，意指常常本著慈悲心，布施一些衣服、食物和住屋等給所有窮人。

第二項「戒論」，屬於不殺害生靈、不偷竊別人財物、不撒謊、不犯邪淫等，有關怎樣守持戒律與道德。

第三項「生天論」，談到世人如果肯把施論與戒論落實在生活裡，自然會有善報，來世得以出生天國，生活也會幸福。

其中，當然也包括相反的因果：凡因貪慾而殺人或說妄語時，下輩子會墮入地獄，受盡苦楚，惡有惡報。

世尊向耆婆談到因果律，當作佛法的入門常識。

之後又提到在家與出家眾的生活差別，前者會受到許多苦惱，後者可以擺脫煩惱，接著，才漸漸論及「四諦法門」。

那就是關於苦、集、滅、道等四諦說法，可參照《俱舍論》的記述：

修行者最先要觀苦；苦即是苦諦。其次，要觀照何以致苦的原因，便是觀照苦因也；因即是集諦。再其次是，觀照如何滅息苦惱；滅即是滅諦也。最後，才觀照滅苦之途徑，也就是滅道，亦是道諦。

彷佛醫生看病時，先要查患病原因，再想怎樣治癒病狀，然後才找尋良藥醫療。

總之，任何佛法修行者，首先必須觀察苦惱的事情。所謂苦諦者，具體地說，就是察看生老病死等四苦，再加上怨憎會苦，愛別離苦，求不得苦，五盛陰苦，總共要觀照以上八苦。

集諦的意思是，觀察苦惱生起的原因，表示人生有諸多煩惱，不能等閒視之。

滅諦的意思是，指佛法的理想境界——涅槃。道諦是指一套修行法，即怎樣到達佛法境界。

這四項聖諦，正是醫治人生八項苦惱的法門。世尊爲耆婆說法時，活用醫學的例子，實在適得其人，非常恰當。

脫離六道輪迴

四聖諦跟醫生看病的原理完全一樣。

例如：苦諦，相當於實際的病苦。集諦相當於患病原因，滅諦是怎樣克服疾病的狀態，而道諦純粹表示各種治療法。這些相當於服藥、手術、食物治療法、保持安靜，以及睡眠等。

醫生如果看見病人，首先應該正確地診斷對方的症狀。其次，一定要正確掌握病因。

然後，要眞正明白患者的健康狀況或病情，再朝那個目標展開各項治療。《良醫經》的記述是這樣的：「如果能夠成就四法，便可以稱爲偉大的醫生。醫生所應該具備的條件，即是醫生的職責。分成四項：第一是正確地懂得病因，第二是正確地明白病情，第三是確實懂得治療，第四是眞正醫病，不讓病情復發。」

換句話說，任何一位良醫，不外是懂得病況與病源，治癒後不讓病情復發，可以一勞永逸。

事實上，世間的所有醫生，恐怕都不能洞察人類生老病死的根源，也無法治療人的煩惱與業障的本源。佛陀才是眞正偉大的醫生，原因是，他能擊破世人生老病死的根源——煩惱與業障，引導世人得到身心愉快的生活。

耆婆側耳恭聽世尊的說法，當場獲得清淨無垢的法眼，足以擊潰煩惱，超越苦惱的羈絆與執著。於是，耆婆終於皈依世尊，成爲一位虔誠的在家居士。

話說世尊帶著耆婆走到墳場時，世尊對他說：「你不妨敲敲這些骷髏，聽它的聲音，好好判斷他前輩子爲人怎樣、下輩子會怎樣？」之後，世尊手指五個死人的骷髏，吩咐耆婆不妨一試。

耆婆果然依序敲打那五個骷髏，根據發出的聲音，說道：「第一個敲打的是生活在地獄；第二個敲打的是投生畜生界；第三個敲打的是正在餓鬼界；第四個是出生人道；第五個上生天堂。」

世尊點頭說：「對。」又指著一具骷髏，問耆婆有關這個骷髏的來龍去脈。

耆婆連敲三次，都不知它的出處，只好向佛說：「我不知道他的出身來歷。」佛陀說：「你不會知道的，因爲這是一具羅漢的骷髏。」

據說耆婆敲了頭蓋骨，根據聲音，就能知曉他下輩子的情況。意思是耆婆目睹人們的死狀，就判斷得出他死後的生命狀態。總之，耆婆這位蓋世名醫有本事洞悉每個人生前死後的情況。

不過，這位名醫只知道六道輪迴，生死流轉，而不能超越苦惱的境界。難怪世尊問起那個羅漢的死後狀況時，他回答不出來，因爲他還不懂佛法。世尊教導他說，阿羅漢算是二乘最高的果位，滅盡煩惱，灰身滅智。這時的耆婆，才知道一種脫離六道輪迴的羅漢境界，總算邁向佛法的初步了。

有一次，世尊身體稍有疾疼，便告訴阿難說：「我生病了，應該服用藥。」

阿難向佛陀說：「我去告訴耆婆。」

耆婆從阿難口中獲悉世尊的身體不舒服，趕緊調配藥物遞給阿難。耆婆心想：「讓世尊服用粗糙的藥不太好，我不妨調配一種轉輪聖王服用的高級藥品。」

於是，他開始熏烤三朵青蓮花，世人把它當作止瀉妙藥，因爲只要聞一下它的香氣就能止瀉。之後，再混雜各種藥物才送去給世尊服用。

耆婆說：「請您嗅一下第一朵青蓮花的香。這樣，也許會瀉肚十次。之後，不妨再嗅第二朵青蓮花，這樣也許會瀉肚十次。最後才嗅第三朵青蓮花，瀉肚十次。如此病症才會痊癒。」

耆婆又勸世尊補吃營養品。耆婆煮些稀粥，放入栴檀的果子，拿去供養世尊。在佛教醫學來說，這是一種營養食物，對病人極有效。

世尊向耆婆指點佛法，而耆婆醫治世尊的病——這是雙方初次見面的因緣。

耆婆與修利槃特

在佛陀的弟子說，修利槃特算是一位愚蠢的代表。關於修利槃特有兩種說法，一種說他們兄弟都是愚人；另一種說哥哥很聰明，弟弟則很笨。據《根本說一切有部毗奈耶破僧事》和《增一阿含經》、《出曜經》等記載，可獲悉哥哥名叫「摩訶槃特」，眞是聰明人，而弟弟名叫「修利槃特」，生來十分愚笨。

且說修利槃特與耆婆的結識經過。事實上，他們兩人並非在醫療狀況下認識，而是以世尊爲中心，引出一段有趣的場面。佛經上的記載總有若干差異，但可以上述諸經，與《南傳大藏經》的小部經做根據。

某年，佛陀住在羅閱城竹園迦蘭陀。有一天，藥王耆婆邀請佛陀和一群比丘到家裡，只有槃特（修利槃特）一個人沒來，因爲槃特四個月裡連掃帚的名稱也背不起來，愚笨無比。

不久，如來和一群弟子來到耆婆家裡，各人依次坐下。耆婆端著清淨水，不料，如來不肯接受清淨水。

耆婆問如來：「奇怪，如來爲何不接受清淨水呢？」

佛告訴耆婆說：「在大群比丘眾裡沒有看見槃特來，我不要你的清淨水。」

耆婆稟告佛說：「這個槃特在整整四個月裡，連掃帚的名稱都背不起來，連路上放牛的牧羊人都背得出偈。我爲什麼要邀請這個笨蛋？」（《出曜經》）

根據《增一阿含經》記載，當時，槃特的哥哥勸告他：「你再努力修行，最後也不能成就聖者，你乾脆回家算了。」槃特聽從哥哥的勸告，站在祇園精舍的門外哭泣。世尊看見才把他叫進房來，特別教導他。

世尊教他手執掃帚，「你要好好背誦這個字……」那時，修利槃特背得出「掃」字，又忘了「帚」字，背好「帚」字，又忘記「掃」字。

耆婆聽到槃特的故事只到這裡。之後，據說槃特一面拚命背誦，一面暗自尋思：「帚就是除掉塵垢的東西。難道世尊的教誡，就像自己背誦的情形嗎？我得好好想一想。」

最後，他忽然覺悟了。「原來我身上有塵垢。」這些塵垢即是煩惱。他猛叫起來：「縛結（煩惱）就是垢，智慧就是除，我現在要用智慧的帚，除這些縛結。」槃特獲得深奧的智慧，最後證得羅漢果。耆婆不知道這段經過，世尊又向耆婆說：

「你若不肯把槃特也請來，我就不要你的清淨水。」耆婆果然接受佛的教誡，馬上派人去叫槃特來。（《出曜經》）

修利槃特終於踏進耆婆的家門了，當時的情況可以看《根本說一切有部毗奈耶破僧事》記載：

當時，耆婆看見槃特來到，就逐次布施食物，先從佛陀和僧眾開始，來到槃特面前時，動作很隨便，沒有信敬心，世尊看在眼裡，心想：「耆婆嫌他愚笨，有損自己的身價，我現在應該彰顯槃特的勝德。」

後來，佛經記載槃特頗有神通，那就是阿羅漢所具有的六神通之頭。

據說耆婆看見聖者的神通示現，不禁仰天長嘆。他因爲心裡羞愧交集而暈倒在地上。親人趕快用冷水噴在他的臉上，讓他醒過來。之後，他特別向槃特懺悔道謝。

不料，槃特反而毫不在意說：「耆婆，我經常懷著忍字，毫無恨心。」

最後，世尊開口說話了：「耆婆還不清楚槃特的勝德，便起了傲慢心，等到他發現對方德行俱佳，才跺腳致歉。所以，諸位弟子應該學習的是，凡夫若沒有慧眼，就不要馬上對別人表現輕視怠慢。應該用智慧到處觀察才對。」

對於耆婆來說，這次算是很辛酸的體驗，可見耆婆也是一位凡夫。一聽到對方愚鈍就心存傲慢。對於醫生來說，這種心態非常要不得。聽說對方德行好，就立刻湧起恭敬心，聽說對方很愚蠢，就起了傲慢心——這位醫生的心態，總算被世尊的大慈大悲粉碎了。

身爲一位醫生，一定要具有平等與慈愛心——正因爲耆婆屢次接受世尊的指點，才成爲名符其實的醫聖。

第二章　耆婆的高明醫術

頭部開刀

近代西醫在一八八四年，進行過腦的外科手術，首先取出腦腫瘍。殊不知關於腦部手術，直到最近二、三十年才比較安全可靠。但是，目前的腦部開刀不一定百分之百成功，留下後遺症的情形時有耳聞。

然而，耆婆採用的方法，跟現代腦科手術幾乎一樣，卻能順利完成。此事令人驚嘆，也許現代人很難相信，其實，佛經上記載得很清楚。

根據《四分律》上說，王舍城內有一位長者常常頭痛，十分苦惱。他去看過許多醫生，但醫生束手無策。

有一位醫生警告，七年後必死無疑。另一位醫生說，他只能再活五年，還有別的醫生嘆息，他只有七個月生命了。甚至有些醫生絕望地表示，生命只剩一個月或七天而已。總之，根據《國譯大品》上說，的確有過多位醫生來探病，但都紛紛嘆息離開，顯然他們都放棄這位患者了。

在這種情況下，長者有一天來訪耆婆，希望他能醫治自己的病。起初，他不抱什麼希望，但是在頻婆舍羅王再三苦勸之下，耆婆診察一下長者，結果毅然表示：「我能把您醫好。」

照理說，耆婆對於頭部開刀的難處，一清二楚。不過，他決定拿起手術刀，可見他充滿信心要向艱難挑戰。

手術開始了，詳情請看《四分律》的記載：

耆婆先給病人吃鹹的食物，讓他口渴，又給病人喝酒，讓他大醉後呼呼入睡。接著，把他的身體綁在床上，固定位置，準備動手術了。他聚集附近親人，拿出銳利小刀，劃破病人的頭，開剖頭頂骨，展示給那些親人看，說道：「滿頭顱都是小蟲，這就是病痛的原因了。」

從這裡可發現一個有趣的盲點。事實上，世尊逢人便說起勸酒戒，深知酒的害處，告誡世人不要酒醉。不過，世尊也懂得酒在醫學上的用處。因爲世尊也曾經釀造藥酒，勸病人服用。

耆婆皈依世尊，深知酒的性質，酒在醫術上很有用。利用喝酒來麻醉全身，也就是善用酒精進行身體的麻醉作用。

全世界恐怕是耆婆最先想出這個點子！同時，在醫學手術史上，也可能是他最先使用全身麻醉，以方便進行無痛手術。

耆婆懂得毒的特性，敢將毒物當作良藥使用。

只見他用利刀剖開長者的頭皮，深入頭頂骨，還說「滿頭顱都是小蟲」，是真的有小蟲嗎？我們不敢確定，然而，那就像腦腫瘍一樣。

耆婆告訴在場的人們說，有些醫生表示「七年會死」，也有些透露「七年後，頭腦被蟲侵蝕殆盡，必死無疑」，這些意見都不對。另外，有些醫生診斷五年、一年或一個月後會死也是錯誤。有些醫生指出只有七天壽命，才是正確的診斷。

耆婆說：「倘若現在不醫治，過了七天，腦袋被小蟲蝕盡，必死無疑。」

此時，耆婆手腳靈活地除淨腦裡的病蟲，再將酥蜜放進頭顱裡，然後接合頭頂骨，把頭皮縫好，擦上妙藥，即等於醫治圓滿、手術結束了。之後，在手術的痕跡上也長出毛來，跟沒有瘡疤的地方一樣。

不消說，頭部開刀會大量出血，如果沒有嚴密消毒，很容易引起手術後的感染症，會留下後遺症。關於這些情況，耆婆也能逐一克服，手術相當圓滿。這不僅是耆婆個人的醫術高超，也可看出當時印度的醫學水平。

但話要說回來，也幸虧遇到卓越的耆婆，手術才能順利成功，若遇到一群庸醫，早就一命嗚呼了。

耆婆擁有卓越的醫術，想出手術不痛的方法，這是因爲他有一顆溫暖仁慈的心，而這顆心一定早已感受到佛法的慈悲。

醫好小兒的腸閉塞

在耆婆的醫術裡，除了頭部手術以外，還有一件值得大書的是腹部手術。即使在今天也要有良好的設備與技術，才能進行順利。

耆婆在小兒的腸閉塞方面，也曾經完成很成功的手術，簡直令人難以置信。遠在世尊時代，居然有腸閉塞手術成功的例子，當眞是舉世無雙。

腸閉塞的毛病，出自某種原因，讓腸管的食物不能通暢，堵塞在腸子裡，呈現各種嚴重的症狀，迅速地迫使全身惡化，導致生命危險。此時需要緊急手術，當然不在話下。即使在目前，如果手術遲了，也有許多不良反應，死亡率多達二成上下。

據《四分律》的記載，詳情如下：

那時候，拘睒彌國有一位長者，他的兒子翻滾遊戲時，不知怎地讓腸腹內凝結。食物無法消化，也無法排出來。

據同一部《大品》裡，也有一段描述：

某年，婆羅奈斯有一位長者，他的兒子在玩翻筋斗，不幸造成內臟纏絡的毛病，結果，小孩子哭泣，飲食無法消化，吃粥也不行，大小便不能通暢。因此小孩日漸憔悴和瘦弱，膚色愈來愈黃，連皮膚的血管也出現黃色了。

這時候，耆婆出現了。

再看《四分律》的記述：

在他的國家沒有醫生能醫好兒子的病，但他聽說摩竭陀國有一位大醫，能替人治病，就派人來央求國王：「拘睒彌一長者的兒子生病，準備請耆婆醫治，請大王派他去好嗎？」

頻婆舍羅王把耆婆叫來，問他：「拘睒彌國一位長者的兒子生病，你能不能去治療呢？」

耆婆回答：「可以。」

「既然能，你就快去醫治。」

耆婆搭車走訪拘睒彌國。當他來到時，適逢長者的兒子死了，由樂隊送出來，耆婆聽了問道：「這是康樂隊的鼓聲嗎？」

且說摩竭陀國的耆婆奉命來看病，當他的座車來到一看，周圍的人們以爲長者的次子已經死了。但是，耆婆迅速來看長者的次子，立刻判斷：「他還沒死呢。」因爲他從症狀診斷出這個小病人患了腸閉塞，非立刻動手術不可。

一般腸閉塞絞痛的原因有：一、腸子內長出腫瘍；二、腸子受到外面壓迫；三、手術後，腸子外面跟其他腸子黏著或跟腹膜交纏著；四、腸管的內腔裡，有腸子陷進去，叫作「腸重積症」，幼兒比較多；五、腸子彎扭了，叫作「腸子捻轉」，容易發生S狀結腸。其他有痲痺性腸閉塞絞痛，不論上述那種情形，都會引起劇烈的腹痛、嘔吐、噁心，每間隔一段時候會發生陣痛。

到了這種情況，塞在腸內的食物會引起不正常的發酵，造成毒性物質，被腸子吸收進去，致使腸子的血液循環不良，由於不停的嘔吐，迫使水份不夠，全身都會僵硬。不久，雙眼發黑、脈動轉弱、手腳冰冷，以至於死。照腹部的X光，可看見特有的形象，若有這種醫療器具，診斷會很容易，那時候沒有透視鏡，耆婆若要診斷腸閉塞絞痛，除了依靠豐富的臨床經驗，還得有銳利的診察眼力。

要治此病，只有仰賴手術才行。

當時，耆婆下車，拿出手術的利刀，剖開腹部，披露腸內的結塊，告訴他旁邊的父母和親友說：「他在玩翻筋斗時，腸子打了結，才使飲食無法消化，這種情況不是死亡。」耆婆開始解開腸結，再放回原處，縫好皮膚，合上肌肉，並擦上妙藥。

可見他在動腹部手術時，發現腸子一部份打結，致使食物不能暢通，他剖開讓長者看，解開結處，再放回原位。《大品》上也有記載：「他解開糾纏的內臟，再放回原處。縫好腹部，貼上膏藥。不久，長者的兒子病癒。」

這跟現代的手術一模一樣。其中沒有提到麻醉的過程，也許因爲是在暈死狀態才免去這一節吧！這次的腸閉塞絞痛也許是因爲腸重積症，或S狀結腸的腸子捻轉才引起的。

醫治阿難的癰（腫膿）

「癰」是一種腫膿，也是最常見的皮膚病之一。附在皮膚上的化膿菌，會從毛囊擴散到周圍組織與皮脂腺，而後發起炎症，叫作「癤」，一個地方有數個癤聚集，逐漸腫大叫作「癰」。全身最容易長癰的位置，在臉上、頭部、腋下、背後或腰部等處。

雖然，世尊竭力避免在人的身體上動手術，但在必要的時候也會允許。這種手術要控制得很嚴格，絲毫大意不得。原則上，身上長癰可用軟膏擦在布塊上，貼在患處等自然排膿，除非迫不得已才要剖開，讓污膿流出來。

《四分律》上記載：

有一位比丘身上長瘡，得製藥來擦，佛陀說，讓瘡充份化膿，變成癰後再剖開讓膿流出來。

患瘡如果發臭，就應該洗乾淨。不妨用根湯、莖葉羊菓湯，以及小便清洗。用手洗時瘡會痛的話，可以改用鳥毛洗淨患處。

這裡所指的瘡，也屬於腫膿。世尊的指導跟現代治療法完全一樣。洗滌時，用手或鳥毛都無妨。

其中說要用各種藥草湯當洗滌藥，用小便洗亦無不可，因爲健康人的小便無細菌，遠比污水佳，溫度也適當，屬於不錯的洗滌液，在緊急的時候，倒不失爲一種有用措施。

耆婆遵照世尊上述的指點，曾替比丘們治癰。其中，耆婆治癒佛弟子阿難的腫膿，也在佛經上記載。

且看《根本說一切有部毗奈耶破僧事》的記載：那時的阿難陀背上，長出一塊小瘡，佛吩咐耆婆來治療，耆婆遵照佛的教導，準備替阿難治療。剛巧世尊坐在座上，向一群大眾講經說法，阿難也坐在群眾中聽法，耆婆心想：「我要替阿難治療瘡患正是時候，因爲他在專心聽法，全神貫注，割破瘡口，他也不會覺得痛楚。」

耆婆目睹阿難聚精會神在聽世尊說法，才斷然要趁此時替他手術。就這一點來說，耆婆不愧爲名醫。因爲人全神貫注某件事情時，不太覺得肉體上的稍微苦楚。何況是世尊在說法，阿難的確聽得入神了，佛法的內容把他的心神都吸引住。他一點也不察覺開刀的苦痛。耆婆好像明白痛苦的本質，也同時通曉人的心理反應。

耆婆有了計劃，便取出妙藥貼在瘡上，因爲瘡已經化膿，便用小刀剖開，讓膿血流出來，再以妙膏貼上。

當耆婆忙著手術時，因爲阿難全神在聽法，才沒有知覺。

世尊說法結束時，耆婆稟告世尊：「我在聽法的人群裡治療阿難的瘡患，用手術刀把它剖開，阿難毫不知覺。」

阿難也稟告世尊：「我在聽世尊說法時，縱使身體被人割裂，像油麻般破碎，也不覺得痛苦。」

其實，阿難也是不同凡響的佛弟子，據說當時在場聽佛法的人心生懷疑：阿難爲什麼背上會長出癰呢？

不消說，從醫學上看，這是因爲化膿菌侵入而引起的炎症。殊不知世尊也透過阿難的瘡症，發揮佛法的業論。

「古代某國有一位國王叫作雞羅吒……有一天，一位獨覺聖者到這座城裡來行乞，走到國王的宮門前，國王看見他起了瞋心，便用彈珠打他的脊背。……由於國王起了瞋心，忍不住用彈珠打到辟支佛，才使自己在五百世裡常常在背上長惡瘡，受盡苦報，今後身體仍會受到餘報。」

據悉這位國王就是阿難。由於他有過去世的瞋恚，才造成惡業——用彈珠打擊獨覺聖者——結果在生命流轉裡，不得不接受惡瘡的果報。世尊就根據業因業果的法則，做出一項結論：「縱使過了百劫的悠悠歲月，所造的業不見了，但若因緣際會時，他照樣會遭受果報。」

耆婆醫治阿難的肉體，而世尊卻徹底救了阿難的命。

機智解決暴君的病症

有些事在任何時代屢見不鮮，比如醫生與病人間的微妙關係；通常都是醫生的態度很傲慢，但有時也會碰到傲慢的病人。

在正常的情況下，醫生不論遇到什麼病人，或在怎樣的治療情況，都要以看病爲優先，不能置病人於不顧。而且，醫生的責任是，用最妥善、最安全的治療法對待病人。

那麼，應該具備什麼條件才能進行最妥善的醫療呢？這也是名醫的條件之一。

耆婆極富幽默感與機智力，不妨列舉一個病例來看。

佛經上的記述是：尉禪國有一位國王叫作「波羅殊提」，十二年來經常頭痛不停（《四分律》），據說他患有黃疸病（《大品》）。

病因是他嗜好杯中物。換句話說，他有慢性的酒精中毒，才會引起頭痛，進而變成肝硬化與黃疸病。在這種情況下，他在精神上也常常呈現幻覺與妄想等狀。

《四分律》描述很詳細：

國內沒有人能夠醫治國王的病症。後來，他聽說頻婆舍羅王身邊有一位良醫，簡直能治百病。他即刻派人去央求頻婆舍羅王說：

「我現在患病了，希望耆婆能來醫治。請你派他來好嗎？」

於是，國王把耆婆叫來問話：「你能不能醫治波羅殊提的病症？」耆婆回答：「能醫。」

「那麼，你去看他吧。」國王又說：「那位國王出身蠍子。你要好好自衛，可別把自己的性命斷送了。」耆婆答說：「好。」

這趟治療等於玩命。頻婆舍羅王再三警告耆婆，波羅殊提王的出身來歷跟蠍子頗有淵源，自己千萬要小心，好好保護自己，不能賠上自己的性命。

原來，波羅殊提王的出身有一段秘密——

很早以前，他的父王出國去時，母親性慾難禁，春情發動，剛好看見一隻蠍子走來，她心想：「如果可以，我也想跟牠做愛取樂。」不料，當她產生邪念的時候，那隻蠍子居然變成漢子站在她眼前了。

於是，她跟那隻蠍子做愛，受孕後生下一個男孩，就是這位波羅殊提王。

後來，國王再三盤問母親有關自己的來歷，母親才坦述這段秘密。此後，國王開始有了失眠症。

因爲夜裡失眠，才會經常喝酒，沈迷杯中物。後來，他只要一聞到煉乳味，就會嫌惡起來，病況十分嚴重。當然，行爲性格也愈來愈乖僻，國人都背後稱他「猛光王」。他只要聽到煉乳的名稱就會大發脾氣，而把對方置之死地。

波羅殊提王獲悉母親不守婦道，才會生下自己。所以，也懊惱自己的出身來歷，久了之後引起失眠症，藉酒消愁愁更愁，顯然陷入惡性循環中，最後，連耆婆也奉命來替他看病了。

耆婆抵達波羅殊提王的寓所，診斷他的異常病狀後，向他表示：

「大王，我要調配熟的煉乳讓你喝下。」

「不行，耆婆，你不許用煉乳，你千萬不能用它來醫治我的病，我非常討厭煉乳。」

耆婆心想：「國王患了這種怪病，不用煉乳醫不好，我必須調配一種藥草的液汁，放入煉乳讓他服用。」

於是，耆婆放進各種藥物，調製出色、香、味俱佳的煉乳藥汁。（《大品》）

總之，國王警告耆婆，若用煉乳當作藥水，就要殺他，才迫使耆婆調製一種色香味俱佳的藥草汁。不過，當這種藥水含在口裡，進入胃管，就會有煉乳氣，結果還是會被他知道。於是，耆婆對國王說：「因爲喝我的藥水立刻有效，所以，請您讓我隨時出城回去。」因此，國王下令備妥一隻巨象，一天能跑五十由旬。

耆婆交代國王的母親，必須先讓國王吃鹹的食物，讓他口渴，待他睡醒想喝水時，馬上把藥水給他服用，一切吩咐完畢，耆婆才出城去。國王醒來，喝下藥水，當他發覺有煉乳味時，趕緊派親信大臣追趕耆婆，誰知道耆婆老早騎了巨象，返回王舍城去了。

據說，波羅殊提王服下他的乳藥以後，果然病癒，他才向耆婆致謝。耆婆的藥水醫治黃疸與頭痛，當然不在話下，甚至能醫好失眠症。至於他能否追根究柢醫好心病，恐怕也不是頂難的事。

總之，耆婆曾用巧妙智慧，打開僵局，施展最好的治療法，佛經上常常出現證例。

第三章　世尊與提婆達多

報恩心變成良藥

有一次，世尊患病的風聲傳揚出去了。包括波斯匿王等諸國的君主、帝釋等諸天、舍利弗等聲聞、摩訶波闍波提比丘尼等，紛紛前來世尊的身邊，探訪世尊的病情。

提婆達多聽說世尊患病在家，也趕來看望。當時的情況，《四分律》上有一段記載：

提婆達多目睹四部之眾，聚集在世尊眼前和身邊，心裡暗想：「我應該服藥裝病，像佛一樣，讓四部大眾也跑來問候我。」一想到此，他跑去找耆婆了。他正色告訴耆婆：「我想服下佛剛才所服用的藥品，你快把那種藥給我。」不料，耆婆吐露：「世尊剛才服下的藥品叫作那羅延，此藥品別人不能服用，除了轉輪聖王，只有成就菩薩如來才能服用它。」提婆達多說：「如果你不肯給我，我會殺害你。」當時，耆婆害怕自己喪命，只好把藥物遞給他。不料，提婆多服下藥後，卻患了一場大病，身心受盡苦楚，別人不能代他承受……。

藥品由於用法不同，有時會變成毒物。對於某人是良藥，對其他人也許成了毒物。如來服用的藥，被叛逆的提婆達多服下後，反而成了毒品，這一點非常有趣。

爲什麼會這樣呢？佛經上的解釋是：

提婆達多心裡暗忖：「像我現在的下場，除了如來，沒有別人能夠救我。」當時，世尊明白提婆達多的心念，立刻從身上放出施藥的光明，照射提婆達多，結果，解除他的一切苦痛，讓他得以休憩。

這是因爲世尊很同情提婆達多的苦惱，不忍心看他叫苦不迭。才放出佛的施藥光明，照射他的身心，解除他的苦惱。不過，以後的問題重重，難得罷休。

提婆達多病好以後，對世尊毫無感激的念頭。他反而指責世尊：「世尊出家成道，現在卻靠醫藥在謀生。」一位比丘聽到這個風聲，就去轉告世尊說，提婆達多沒有一點感恩之心。殊不知此事不是從今天開始，其間有一段因果，詳情如下：

從前，有一位國王叫作「一切施王」，國裡有一個病人很可憐，因為醫生說：「這樣嚴重的病，只有靠有慈悲心的菩薩，懇求他用新鮮血肉才能醫好。」

一切施王聽到此項消息，立刻取出利刀，切下自己脾臟的肉塊遞給病人服下，總算把他的病醫好。

國主隨後好心詢問病人：「你的身體復原了嗎？」

病人答道：「已經復原了。」於是，國王很放心地叫他回去。不料，當他一出門，便跌在地上出血了。有人問他：「你的腳怎會流血呢？」

對方卻惡狠狠地答道：「因為他是個不合法的國王，作惡多端，荒淫無道，貪婪邪惡，害我在他的宮門前傷了腳，才會流血不止。」

他講得太過份了，簡直不像話嘛，一切施王好心把他從重病中救出來，他反而破口大罵國王。

佛陀為諸位比丘講完一段往事，說道：「當時那位一切施王就是我，那個病人即是眼前的提婆達多，我在前輩子發起慈悲心憐憫他，可是，他沒有報恩心，現在仍然這樣。」

當時，世尊也給提婆達多說出一首詩偈，意思是：忘恩負義的人，會受到癩病惡疾的苦報，或嘗到白癩的病苦，只要沒有報恩心，都會得到這種下場。

所以，諸位比丘要有報恩心。

根據世尊的解說，提婆達多的忘恩負義和反叛心念，出自前輩子。提婆達多背著沈重的惡業，由於這項惡業，他才受到痛苦，墜入地獄裡。

感激與報恩的念頭是人類與生俱有的善心，而提婆達多因爲恩將仇報，虛榮心作祟，硬要裝病，服下如來的藥，才使良藥變成毒物。

若是一個充滿慈悲與智慧、閃耀著生命光輝的人，尋常的藥品放在他們身上，也照樣會有相當的藥效。凡是憂心忡忡、變成慾望奴隸的人，生命力會很衰弱。有些人失去善心，良藥對他們也只會成爲毒品。

最後，輪到耆婆出場了。據說世尊爲了解救提婆達多，從身上放出施藥的光明，自己反而生了一場病，耆婆用湯菜和野鳥肉，才把世尊的病醫好。

強化生命力的關鍵

除了《四分律》提到藥物變毒品的事情，《賢愚經》上也有介紹，若從服藥的觀點看，其中也有濃厚的暗示意味。

《賢愚經》上的愚人當然指提婆達多。他居然敢向耆婆強求世尊服的藥，在這部經典中重視的並非藥的問題，而是藥量到底有多少？

《賢愚經》上有一段話說：當時，世尊身上得了風病，醫生特地在酥裡摻雜三十二種藥品，讓佛每天服下三十二兩。

世尊所患的風病，就是現在感冒之類的病。

世尊應該服下那麼多藥量，因爲他是佛，才會需要這些藥物作用，而對於提婆達多卻不適合。提婆達多有增上慢，各方面都遠不如世尊。他不明白這顆嫉妒心反而使自己的生命力衰弱。

因爲生命力衰弱，會影響到服用的藥量。耆婆看見提婆達多的生命受制於熾烈的反叛心，怒不可遏，本想另外調配一副適合他的藥，份量上剛剛好——這是一位名醫應有的措施，所謂看病給藥，不是每個病人都能服用同量的藥。

無奈，滿懷嫉妒的提婆達多，始終不肯屈服世尊，世尊服用多少，他也一定要服用多少，表示跟世尊平起平坐。耆婆警告他，服用過量反而有害，非生病不可，倘若服用量超過八倍，等於服毒自殺一樣。可惜提婆達多聽不進去，強辯「我身跟佛身無異」，結果馬上受到毒害，吃盡苦頭了。

「藥在身體上流注諸脈，身力微弱，不能消轉藥力，起身時肢節極端痛苦，他呻吟叫嘆，心煩意亂，世尊憐憫之餘，立刻伸手撫摸他的頭，才使藥效消失，痛苦解除，得以病癒。」

顯然，這是急性中毒的症狀，因爲體力衰竭，藥性成毒，始終不能除去毒性作用。這樣一來，世尊才竭盡自己的生命力量救活提婆達多。

生命力的強弱，可以由本人平時的生命狀態來決定。提婆達多的生命力衰弱，起因於他極端嫉妒世尊，倘若他肯轉爲感激的念頭，對疾病的抵抗力也會增強。

誰知道他毫無感激的心念，反而大聲指責世尊，胡亂造謠。當阿難將此事轉告世尊時，世尊才將他的心態淵源，一直追溯到過去世。

佛陀向阿難說：「提婆達多懷著不善心，企圖傷害我，不是始自今日。他在過去世也常常懷著惡心，想要殺害我。」

於是，世尊開始提到過去世的事情。有一位國王叫「梵摩達」，性情凶暴，一天夜裡，他夢見一隻野獸，金色輝煌。他清醒後，立刻召集一群獵戶，下令：「我夢見一條金色的野獸，你們一定要取牠的皮來。」一群獵戶私下商量，之後，選出一名能幹的獵人來。

這名獵人寧爲別人，不惜放棄自己的生命，懷著悲壯的決心，進入險惡的深山裡。不料，當他抵達悶熱的沙道上時，筋疲力盡，奄奄一息，死亡就在眼前了。此時，忽然從山裡跑出一隻金色野獸叫「鋸陀」，帶水和食物給那個獵戶，把他從死亡邊緣救了回來。

獵人恢復生氣以後，心裡反而苦惱起來，眼前的鋸陀正是自己要獵取的金色野獸，然而，牠又是自己的救命恩人。但是，倘若自己空手回去，所有的獵戶同行非給國王殺掉不可，於是左右爲難。

鋸陀終於向獵人表示：「爲了救出那些人，我樂意獻上自身的金皮，一點兒也不悔恨。」

獵人果然剝下金色的獸皮，拿回去獻給國王了。佛經上記載，諸王看見菩薩的布施行，忍不住淚如雨下。之後，世尊繼續說：

「阿難呵，你要知道那時的金獸——鋸陀，正是我的前身。至於凶暴的梵摩達王，乃是今天的提婆達多……他以前要殺害我，今天仍然不懷好心，念念不忘，想盡辦法要傷害我。」

可見惡業的根源，來自過去世。提婆達多壓根兒也不想轉換過去的惡宿業，竭力活用藥品與毒物的本來特性，藉以強化自己的生命力。

第四章　龍樹菩薩小傳

新的醫道倫理

以前，醫道倫理只是醫生與病人之間的事，現在，因爲生命科學發達，這方面的觀念正在擴大醫道的領域。關於人的生命，包括人工受精、人工墮胎、安樂死、植物人的處理、癌症是否可向患者透露……，這些都屬醫道倫理的範圍。另外，還有人工內臟、遺傳因子的治療、內臟移植等也是今天仍在爭論的課題。

事實上，醫道不是只有這些課題而已，還創造若干新的醫道倫理。

在東方社會，醫生們的倫理泉源，都來自世尊的精神。

許多佛經上提到醫生的心態，都屬於佛教醫療的倫理，而影響醫生的行爲。例如《佛說藥師如來本願經》指出，藥師如來爲了救度眾生，曾經立下十二大願。

第六願說：「願我來世得菩提時，若諸有情，其身下劣、諸根不具、醜陋頑愚、盲聾瘖啞、攣躄背僂、白癩顛狂，種種病苦，聞我名矣，一切皆得端正黠慧，諸根完具，無諸疾苦。」

這項誓願是，不要有聾、盲、跛躄、癩、癲等身病。

第七願說：「願我來世得菩提時，若諸有情，眾病逼切、無救無歸、無醫無藥、無親無家、貧窮多困，我之名號，一經其身，眾病悉除，身心安樂，家屬資具，悉皆豐足，乃至證得無上菩提。」

這項誓願是，若有人為疾病所逼、無依無靠，也無居住時，立刻去看顧他們，提供住處和醫藥，解除他們的痛苦，讓他們能夠究竟無上的菩提。

由此可見，世尊的大慈大悲，充份表現出一套醫道倫理。

世尊為了具體教示救護眾生的醫道，誠懇敘述醫生的倫理，同時指出護士也要發揚護士的倫理；還有一項要緊的是，病人也得表示病人的倫理。這些可以稱為醫道、護士道和病患者道。

世尊教示醫生，護士和病人等三方面合作無間，才能治癒身心的病苦，具體表現佛陀的慈悲。

龍樹菩薩在《大智度論》上說過：

「佛如醫生，法如良藥，僧如護士，戒如服藥、禁忌。」（卷二十二）

「病人應該像追求良醫藥草一樣，要以佛爲良醫，以諸善根爲藥草，以護士爲善知識。患者若能具備這三方面，才能除去病痛。」（卷八十五）

對於病人，也有一些指示：

「良藥雖然能夠治癒眾生的疾病，倘若不能保持順序，那也治不好病苦，會失去藥效。」（卷六十五）

「藥師爲病人講述服藥的方法，只有好好服用，才能治病。」（卷九十六）

世尊說要以大慈大悲救度眾生，三方面要互相諒解和合作，這種醫道可以挽救今天被人荒廢的醫道倫理，也會成爲新倫理的泉源。

總之，佛教倫理將會成爲新醫道的基礎。

以下，我們看看龍樹的故事。

由《大論》展露才華

佛教倫理學，探討了有關醫學的各類佛經與論釋。

像龍樹寫的《大智度論》（《大論》）深妙詳盡，不失爲一本難得的醫學與醫道倫理的著作。

《大智度論》的原名叫《摩訶般若波羅蜜經釋論》，屬於《大品般若經》的註釋書。雖然其中註釋《大品般若經》，但他能夠依照每一個字句，詳細解說思想、學說、用例和實踐規定，可知龍樹的學識多麼淵博。

而且，他能吸收像《法華經》等大乘佛學的思想，來解說般若空觀。世人認爲他的解說堪稱「眞空妙有」，同時，他也努力講解大乘的菩薩思想，和六波羅蜜等實踐規則。

他引用的內容非常廣泛，幾乎涉及佛教的一切經典、論述及佛教以外的資料，呈現一種百科全書式的概觀。

首先，列舉《大智度論》關於醫道倫理的文章，再編入各類佛經，藉此描繪出一套佛教倫理學的大綱。

著述《大智度論》開展醫道論說的龍樹大菩薩，到底是何許人也？他不僅是一位佛學家，也精通醫術，留下若干醫學書籍，實際上也能替人看病，說他是一位「醫僧」比較恰當。

因爲自己精於佛教醫學，也是一位實際的醫生，難怪他常在佛教裡探究醫學與佛道理論，從此呈露佛法與醫學互相融合的實況。

龍樹是梵文原名的音譯，另外譯作「龍猛」等。根據推測，這位大乘論師大約屬於公元一五〇年到二五〇年前後的人物。

他是付法藏第十四祖師，也是集大乘佛教之大成者，在日本，他被人尊稱爲南都六宗，天台、眞言宗「八宗之祖」。至於龍樹一生的傳記，主要有下列幾項：

一、《龍樹菩薩傳》，鳩摩羅什譯，沒有梵文原本，僅存漢譯部份。

二、普敦著《佛教史》裡，有關龍樹的記述。

三、塔拉那達著《佛教史》裡，有關龍樹的記述。

其中，中國和日本都習慣用《龍樹菩薩傳》，了解範圍以這本書爲主。現在，筆者也以本書爲主，另外還參考《付法藏因緣傳》、《大唐西域記》、《南海寄歸傳》、《佛祖統紀》等書，詳細地講此龍樹的生平。

依照《龍樹菩薩傳》的記述是：

龍樹菩薩出身南印度的梵志族，緣於母親當年在樹下生下他，才取名「阿周陀那」。阿周陀那是一種樹名，龍是要成全他的道，故用龍字冠名，才稱他龍樹。

這條龍後來成了一位大龍菩薩，世人認爲他在海裡宮殿講授妙法。從此以後，他的名字就叫龍樹了。

龍樹生長在富裕家庭，隸屬婆羅門族，成長過程都不愁衣食，應有盡有。他的天資聰明，才華出眾。對於所有事物都有非凡的理解力，一聽便懂，也能舉一反三。

在吃奶時期，據說聽了許多婆羅門誦讀四吠陀聖典，計有四萬句偈語，每句偈語有三十二個字，但他在私底下會諷吟那些文章，也懂得其中的意義。他在少年時代，就已經天下聞名；周遊各國時，不許別人跟隨。

其實，他不但懂得四吠陀的內涵，也通曉天文、地理、未來的預言和諸項道術，堪稱無所不知，可見他的智慧非同小可。

據說他當時也深入古印度時代的醫學，當然，古印度的醫學也有內科與外科，龍樹似乎也能領悟內外兩科的學問，結果卻成爲佛學者，而不曾扮演醫僧的角色活躍在藥學領域。

學隱身術追求快樂

在《南傳大藏經．增支部經》裡，明白記載世尊的出家動機。第三集的「天使命」上說：

「諸位比丘呵，我生活得非常幸福，根本不知道苦惱的滋味。我父親的宮殿設有浴池。一處種青蓮，一處種紅蓮，另一處種白蓮。諸位比丘呵，我只用迦尸出產的栴檀香，別處的產品都不用，我的衣服也是迦尸的名產。諸位比丘呵，我有三座宮殿，一座適合冬天居住，一處適合夏居住，一處適合春天……」

世尊很幸運出生富貴家庭，說完自己舒服的生活之後，又提及出家的動機。「話雖如此，我卻開始尋思了。那些愚笨的凡夫，自己日漸衰老，難免衰老的命運，但是，看見別人老態龍鍾，會覺得可恥厭惡，完全忘了自己……。殊不知自己也難逃衰老，難道可以嫌棄別的老人嗎？諸位比丘呵，我觀察到這種情狀時，一切青春的傲慢全部消失了。」

接著，世尊也談到世人自己會患病，且會嫌惡病人，忘記病苦總有一天也會降臨自己身上，所以顯得很驕傲，殊不知這樣對自己不好。世尊觀察到這種情形，毅然打斷無病的驕慢，知悉自己也有一天會患病。

對於死的問題，世尊同樣在仔細觀察。結果，世尊認為世人難免一死，若忘記死的苦惱，只知醉心於生活的驕傲，這樣對自己也不好。於是，他放棄生存或活命的傲慢。世尊說：

「諸位比丘呵，人生有三種傲慢或得意。這三種是什麼呢?就是得意自己壯年青春、得意自己健康無病、得意自己幸好有命在……。諸位比丘呵，凡是得意自己年輕力壯，表現傲慢的比丘，都會放棄學習，生活靡爛。」

至於傲慢自己無病健康，幸有命在，也同樣要不得。

世尊觀察世人表現三種傲慢，之後，才毅然放棄富裕的生活，選擇出家修道這條路。

年輕的龍樹發覺自己恃才傲物，各方面很得意，若要開拓修道的生活，一定要去體驗有關生死的問題。縱使自己活在人間，他也體會出死亡的苦惱，發現死亡的陰影隨時存在，這樣才能驅逐龍樹的傲慢。關於這些經過，也在《龍樹菩薩傳》裡記載。

且說龍樹自認年輕力壯，才氣縱橫，表現不可一世的樣子，腦海裡毫無衰老與死亡的影子。

他有三位好友，全是青年才俊，一天，他們彼此商量：「凡用天下的義理，啓蒙人的心靈、讓人開竅的學問，我們幾乎都研究完了。此後，我們要靠什麼來自娛呢？還是盡情享受，陶醉在快樂裡過一輩子才對？」

世尊警告世人，如果沈迷在三種傲慢或享樂，會不顧學問，生活靡爛，爲非作歹。

龍樹和一群好友，既然享有婆羅門的特權意識，也有淵博的知識，極易陷入這種傲慢裡，果然不出世尊的警告，他們紛紛丟棄學識，最後變成恣情縱欲的享樂主義者。

之後，他們爲了貪圖享樂，竟然不擇手段。他們說：「婆羅門不是王公大臣，沒有足夠的權力與金錢可以盡情揮霍。聽說世上有一種隱身術，如果有這套本事，簡直可以爲所欲爲，什麼快樂都能到手。」

四個人有了共識，馬上要採取行動了。

不久，他們聽說有一位道術師擅長隱身術，果然登門去請教了。

這位道術師暗自尋思：這四位年輕婆羅門是絕頂聰明的人，不把別人看在眼裡，內心趾高氣揚，現在為了要學隱身術才委屈求全，親自來拜訪；他們簡直什麼都懂，只不知這門賤術罷了，倘若自己據實指點，他們一定會把我丟棄，再也不肯委屈了。我何妨先給他些藥物，暫時不教授法術，他們用完藥物，自然會回來央求，這樣，我才終身可以做他們的老師。

心裡有了打算，道術師只遞給他們一顆藥丸，當面告訴他們：「你們到無人的地方，先嗅一下藥丸，然後溶在水裡，把它擦在眼瞼。這樣，你們才能隱去身形，別人也看不見你們。」

不料，道術師的一番計策，被龍樹豐富的知識揭穿，變成泡影了。

終於看到「死亡的影子」

本來，道術師思量對方用完藥後，會再回來央求。

不料，龍樹把藥品一磨，聞到那股香氣，就明白有哪些成份、多少數量、輕重如何，一點兒也沒有差錯。也許因為擁有豐富的藥物知識，幫了他一個大忙。

上述他年輕時代早已學到充份的內科與藥物學，《大智度論》裡，處處提到藥的譬喻，可見他實際上也能分辨藥物種類，而且百無一失。

印度的醫藥在古代也很普及，據說，不少植物用藥曾經出口到西方各國，歷代傳承的印度藥物學，在龍樹時代達到世界一流的水準。除了植物用藥，印度人也常用動物與礦物藥品來治病。

再說龍樹回到道術師的住處坦白吐露：「你剛才給我的藥品含有七十種成份。」同時評述數量、輕重等處方內容。

道術師吃驚地反問他：「你怎麼知道我的處方？」

龍樹回答：「藥品含有諸種香氣，我一嗅就知道了。」

道術師非常佩服龍樹，心想：「聽說有這種人就很不容易，更何況能跟他相遇。但是，他已經站在眼前，我還能珍惜自己那套賤術嗎？」一想到此，就把隱身術傳授給他。

不消說，龍樹學到道術師的隱身術了。

這位道術師也許搞錯了醫學、藥物的知識，跟高尚人格有所不同。反正龍樹幾位朋友也很快把隱身術當作恣情縱欲的工具，爲非作歹起來。

原來，這四個年輕人學會隱身術後，經常肆無忌憚進出王宮，宮中美女全部被他們強暴姦淫了。一百多天後，宮女們紛紛懷孕，只好向國王透露，央求國王免罪，國王不高興地問道：「到底怎麼回事，竟然發生這種不吉祥的怪事，豈有此理？」立刻召集群臣商量解決。

只聽一位老臣稟告：「宮裡發生這種怪事，不外兩種原因：一種是妖鬼作祟，另一種是使用法術。如果是利用法術，只要在門前鋪細沙，自然會呈現腳印。如果有鬼怪作祟，當然沒有足跡，用咒術消滅就行了。」

國王馬上吩咐守衛們，依照老臣的指點，把細沙鋪在門前，果然現出四人的足跡。國王一聽立刻率領數百名大力士進宮，封閉各個宮門，下令大力士拔刀向虛空亂砍一陣。

不消片刻，三位好友就被砍傷，死於非命了。

龍樹親眼看見好友們死得悽慘，死亡的恐怖籠罩全身，顫抖不已。

瞬息間，那種不曾想過的死亡，把昔日的快樂驅逐一乾二淨。平時，他一直得意生命與青春，以爲老病死跟自己毫不相干，如今，他害怕死亡會降臨自己的身上了。

青春、健康無病和生存的驕傲，在見到死亡的影子，全都軟弱無力了。面對著死亡，費盡青春所學來的一切知識，完全派不上用場——龍樹陷入絕望的深淵，叫苦連天。

生死掙扎下去出家

在《南傳大藏經．相應部．佛陀品》上，記載世尊大徹大悟以前的菩薩階段，也有過正念思維的歷程，十分逼眞感人。在此值得一提：

「的確，人間有無限的苦惱。生、老、病、死、再生，又不懂怎樣脫離這些苦痛？……那麼，爲何有這些生老死呢？老死是爲什麼緣故呢？諸位比丘呵，當時，菩薩靠正思維與智慧，才獲得問題的解決。因爲有生，才會有老死，老死緣起於生也。爲什麼有生呢？生起於什麼緣故呢？……由於有才會生，生緣起於有……由於取才出現有，有緣起於取……因爲有愛才會有取，取緣出於愛……愛緣出於受……受緣出於觸……觸緣出於六處……六處緣出於名色……名色緣出於識……識緣出於行……行緣出於無明。由此看來，行緣出於無明，識緣出於行……，這些全都是苦蘊的集合。」

老死—生—有—取—愛—受—觸—六處—名色—識—行—無明。這即是十二因緣說。

世尊知道苦惱的人生來自於「生」，同時明白怎樣去解決這種苦惱的人生。老死的苦惱，究竟在無明。有一股力量從生命的深淵冒出來，這股衝動形成渴愛，在現世上造業，成了一種朝向將來的主因。

知道怎樣克服無明，等於知道克服苦惱的途徑，也是修行佛道的目標。無疑地，龍樹眼前的情狀，正面對著死亡。無底的死亡恐怖令他顫抖，逼迫他用整個生命去思索死苦的根源。與其說是思索，毋寧說是生命的呼喚，也許在呼喚他趕緊想出某種解決生命之謎的智慧。

處在生與死的絕境時，才看見龍樹的直觀智慧在閃耀。這是要脫離死處的智慧，這道光芒彷彿閃電般衝擊龍樹的全身。

根據《龍樹菩薩傳》上說，當時，三人死了，只剩下龍樹站著不動，屏息凝氣，躲在國王的頭部旁邊。原來，國王的頭側七尺內，不許任何人進來，當然，一群大力士斬向虛空的刀鋒也不能到達了。

他學來的隱身術，此時眞正打開龍樹的智慧。

如果他也跟三位朋友一樣，在慌恐之下受制於生命的衝動，盲目地要逃出去，一定頃刻間死在亂刀之下。

幸好龍樹沒有逃走。他身上失去求生的衝動了。

他面對死亡，一切的傲慢消失，欲望貪婪也不見了。當煩惱的狂亂平息下來時，他天生的智慧光芒開始發射出來，在這份智慧的指引下，他才能死裡逃生。

然而，這份智慧不再助長他去追求享樂的生活了，反而成了一種明智，幫他竭力去找尋死苦的根據。

龍樹的身體緊縮在國王頭側，聚集全副精力在思索。生存、死亡、時間的流動，全都從他的腦海裡消失了，在這瞬息間，甚至連籠罩他的死亡恐怖也溜掉了。

死苦的根據是什麼？死苦緣出於何處？他以往那種靡爛傲慢的生活方式，無異是一種明白的解答。

那就是憧憬知識、目空一切、追求享樂的愚蠢人生觀，這樣委實不適合龍樹的身份。

那時候，他才覺悟到欲望爲苦惱的根本，各種災禍的來源，傷身敗德，全部由它而起，於是，他暗自發誓：「倘若我要得到解脫，就得拜訪沙門，接受出家之法。」

龍樹這次覺悟到底有多深多遠，外人不太清楚。不過，他至少明白死苦的根源，來自人生的渴愛。那麼，若要追溯愛欲的深淵，也不得不深入過去世的業、生命底流的業，和無明的眞貌。

這樣一來，龍樹由於這次的契機，才下決心要探究愛欲、渴愛和無明，他終於做了沙門，打算進入佛道。

那時的龍樹，雖然還沒有明察十二因緣，確立一套打破無明的方法，至少在他的心裡若隱若現地浮出從老死到無明的連鎖，因爲他是絕頂聰明的後起之秀。

周遊列國找佛經

根據天台大師的五時說，獲悉世尊對聲聞弟子，在成道初期先講《華嚴經》之後，才按順序講《阿含》、《方等》、《般若》等經，教化四十年，最後才說出《法華經》直到一乘圓教的開悟爲止。

據說《華嚴經》是世尊坐在菩提樹下期間，深入海印三昧的境界，用純粹一致的形式，突然說出的眞理。它好像晨曦照射在高山頂上，也似擠出的乳味，兼具圓教的內容。

不料，《華嚴經》太深奧，讓人在理想的光輝下目眩不已，好像一時無法消化乳味，引起瀉肚一樣。據說聲聞和緣覺的人們聽了也像聾啞一般，覺得莫名其妙。

當年世尊剛從悟境出來，決心教化眾生，先訪鹿野苑的五位比丘，然後遊化十六國，爲了便於誘教，才講《阿含經》。

這是漸教的初次產品，譬如陽光照射幽谷，也像乳味稍微發酵容易喝出的酪味。但這只是小乘教的東西。

《方等》部經同時說明小乘、大乘等教，企圖指示大乘教理的卓越。所以，大家不愛小乘，而仰慕大乘，在漸教裡屬於中間階段。若用陽光做譬喻，等於八點多鐘的飲食時刻，若用牛奶來譬喻，無異發酵不久稍帶生酥味道。

《般若經》算是明確化的經，確立大乘眞理的「空」，屬於漸教的最後階段。

有人說這部經的內容，兼備通別兩教。若用陽光做譬喻，等於上午十時左右，若用牛奶來譬喻，等於熟酥味，也如同發酵後的牛奶。《般若經》確立「空」的理論，使小乘轉爲大乘。

最後是《法華經》，據說世尊歷經四十多年教化，調整了眾生的根機，才好不容易變成法華業圓教，盡量導入一乘教裡。總之，《法華經》是一部眞實究竟的教理，世尊爲了引入實教裡，才花費四十多年說明方便權教。

《法華經》明白敘述世尊的出世本懷，也指出綜合與統一性的根本眞理，所以，它屬於純粹的圓教。若用陽光做譬喻，乃是正午時刻，日正當中，普照大地。若用牛奶做譬喻，無異很圓熟的醍醐味。

《涅槃經》是世尊入滅時說出來的，針對那些熟悉《法華經》的人，補述藏、通、別、圓等四教，希望他們能夠回到圓教，才特地講出這部經。

因此，龍樹成了沙門，最先研究小乘佛經。不久，他前往雪山，涉獵各類大乘佛經。

根據傳記上說，龍樹終於放棄婆羅門的家庭和富裕生活，到處行乞，來到一所山中寺廟，皈依佛門了。

他在佛塔前受戒以後，起初九十天，遍讀所有三藏教義（經、律、論）。

四聖諦與十二因緣等小乘教義，對於龍樹也許太輕鬆了，故能在很短時間內讀完，他才繼續找尋不同的佛經。可惜，這座佛塔裡只有小乘的經典，他被迫到外地去找。

不久，他來到雪山，山裡有一座佛塔，塔裡居住一位老比丘，他送龍樹摩訶衍的經典，也就是大乘教理。

話雖如此，也照樣不能滿足龍樹的求知欲望。

據說，龍樹雖然背誦受持教理文章，知道眞正的意思，但無法融會貫通。於是，他開始周遊列國，找尋其他佛經。其間，他逐一駁倒外道的論師和沙門的教義。

那麼，龍樹到底周遊各地去找什麼經典呢？他讀遍許多大乘佛經，也駁倒一群外道沙門，難道還有無法融會貫通的地方嗎？

門神指出增上慢

龍樹在佛教裡繼續尋找有什麼途徑能夠對付世人的無明、治癒人類的渴愛。人跟死亡對峙時，那股被迫體驗的無明之力——怎樣克服巨大的衝動呢？

龍樹一直找尋這把對付無明的「利劍」，才要深入佛經，從小乘找到大乘——他在許多大乘佛經裡沒有找到自己希望的利劍。

的確，大乘把「空」的眞諦弄明白了，再邁向生命的內在領域。龍樹從小乘的《阿含經》著手，讀透大乘的《方等》、《般若》和《華嚴》等經典，才領會到大乘佛教的「空」。其中指出如何制御渴愛，再靠菩薩道在現實上打破許多出自無明的煩惱。尤其《華嚴經》試圖解除生命內在的無明。

可是，他覺得好像一直摸不到一切無明的根柢。如果不能克服最基本的無明，縱使打破渴愛或表面的其他無明，終究不能徹底解除人生的死苦或四苦。

那把對付根本無明的利劍，即是佛的生命本身，一定要靠世尊覺悟那套佛法，因爲它貫穿宇宙生命的根源。

可是，在大乘佛經裡，始終沒有露出宇宙的根本法。

正在此時，一群外道弟子開始乘虛進來，搖動龍樹的心志，變成惡魔的慫恿了。

根據《龍樹菩薩傳》上說，外道弟子譏諷龍樹：「老師雖然貴爲一切智人，到底還是佛的弟子。所謂弟子之道，就是酌量接受對方的長處，來彌補自己的短處，難道你還有什麼短處嗎？你已經樣樣精通。倘若還有一點兒不通，你就不是一切智人。」

龍樹被說得啞口無言，他心裡有屈辱感，突然受制於某種邪慢心了。

他在暗自思量：「在全世界的教義裡，途徑紛雜，佛經雖然絕妙，在推理方面尚有未盡圓滿的地方。現在，我何妨在這方面推演，好讓後學者覺悟。只要理路不錯，沒有過失的話，這樣做有何不可？還會有什麼罪狀嗎？」

可見龍樹的確熟讀不少經典，才洞悉其中有未盡圓融的地方。

可是，他始終無意透過佛經，來請教世尊指點的核心部份，他只想靠自己的智慧來推測，在他起心動念之間，就已經受制於無明的傲慢了。在修持佛道上，他失去謙虛，那份受制於邪慢的智慧，不可能通達佛的悟境。

於事於理若不違背世尊，自以為靠本身的才智能夠補充世尊的說法，先有這個企圖，也等於有增上慢了。

龍樹想要馬上實行自己的計劃，建立一套教理與戒律，同時披上獨自的衣服，顯然要自立門戶。

大體上雖然附屬於佛法，據悉他有意稍微標新立異，因為他在暗忖：「我要選擇良辰吉時，授戒給尚不曾受過戒律的人，清掃眾生的迷情。」

他授新的戒律予一群弟子，披上新衣，獨自一人來到寂靜所在，走進一棟水晶屋裡。

不料，他一看見這副打扮，好像在佛道修行的最後階段，被邪慢任意擺佈，被無明作用的魔鬼附身。他自立的戒律與教義，貌似佛教，其實，早已跟佛教分道揚鑣——外表太像佛，反而成了眞正的魔。

在《付法藏因緣傳》裡，也對龍樹的慢心有一段描寫：

且說龍樹逐一降服了外道和不同學派的沙門，自稱爲一切智人；他心生驕慢，目空一切，便要從瞿曇的門進去。

忽然間，一位門神警告龍樹：「你現在的智慧仍然像蚊虻。若跟如來一比，根本微不足道。這種情狀好像螢火蟲比擬日月的光輝，把須彌山比做葶藶子一樣。依我看，你決不是一切智人。但是，你爲何要從這道門進來呢？」

龍樹的弱點被門神點破，不禁羞愧萬狀。

得自菩薩協助，邁向「無生忍」

依據《成唯識論》記載，所謂慢的煩惱，即是自恃甚高，以爲比別人出色，繼而輕視別人。所以，凡是有慢心的人，縱使遇到對方頗有德行，自己也沒有謙虛的心態。結果，自己在生死流轉中永無休止，也會受盡苦楚。

這方面的傲慢多達七種或九種，現在不妨列舉七慢。依據《俱舍論》的解說，計有下列的意思：

一、慢。目睹對方不如自己，就自鳴得意、盛氣凌人。即使事實如此，傲慢本身也會煩惱。

二、過慢。顯然自己跟他一樣，也自以為勝過對方；顯然對方勝過自己，也自以為跟他一樣。

三、慢過慢。顯然對方勝過自己，也自以為勝過對方。

四、我慢。高估自己，自以為是。

五、增上慢。尚未證得佛法，就以為證到佛法。

六、卑慢。顯然對方高過自己頗多，自以為只比對方稍差一些。

七、邪慢。顯然自己沒有德行，還一直以為有德行。

由此可見，龍樹完全被慢心控制住，因為他讀破萬卷佛經，僅得到小智就自我執著，錯覺自己得悟了。

如果他自覺開悟，一直錯覺自己證得佛性，還看不出魔性附身的話，結果會產生慢心，以為佛經不充實之處，可由自己來補充。也許龍樹對待其他沙門懷有慢心，難免也對世尊表現過慢與我慢，甚至陷入卑慢之中。自視過人（我慢），陷入增上慢裡；自以爲證了佛的智慧，好像一切智人一樣，裝出有德行的樣子（邪慢）。

吉人自有天相，一位大龍菩薩終於把龍樹救了起來。原來，大龍菩薩眼見龍樹被慢心俘虜，十分惋惜，憐憫之餘，就把他帶到海裡，住在龍王宮。

據說大龍菩薩打開七寶的倉庫，發啓七寶的函文，授予諸種大乘佛經深奧無量的妙法。

龍樹閱讀九十天，通曉經文的意義，他的心也深入佛經，體會了眞正的利益。

大龍菩薩知道龍樹的心意，問道：「你到底讀完這些經典了沒？」

龍樹答道：「函裡和經很多，我在這兒讀的經比全印度的經量多出十倍。」

大龍說：「這裡的經典到處都有放，任你數也數不盡了。」

於是，龍樹得到諸經一箱，深深地通達無生二忍。大龍菩薩看了，才把龍樹送回南印度。

另外，《付法藏因緣傳》也描述這個場景：

「當時，龍樹獲得諸經，在佛道方面豁然了解、通曉妙義了。他理解一相，深深進入無生二忍裡。」

「無生忍」也叫「無生法忍」，認證無生的法性，即是徹底領悟不生不滅的眞性。這方面有兩種，即是人空與法空——個人的存在是空，構成個人存在的要素也是空。

那麼，龍樹徹底領悟的綱要到底是什麼？

發現《法華經》的「根源一法」

上述大龍菩薩授予龍樹若干大乘佛經，和無量妙法。這些經典數量比全印度的佛經多出十倍，可見龍樹還未曾知道的經典，也一定不在少數。

雖然，龍樹滿懷傲慢心，但也算深入佛法的相當境界，只有一些道理尚未通曉——據猜測，他很可能全神貫注從所有佛經裡，找尋那一些自己還不懂的法理。

那一些不外是龍樹毅然走上佛道的動機——對付無明，找尋宇宙生命的根本一法。

龍樹讀破萬卷佛經，終於得到一法。情況彷彿晨間的陽光消蝕了朝露，總算領悟了佛道的根本一法。換句話說，龍樹拿到那把對付根本無明的利劍了，那把寶劍藏在《法華經》裡。

當他閱讀《無量義經》時，曾經看過其中一句話：「無量義是從一法裡生出來，這一法即是無相了。」接著，他繼續讀下去，很注意一句話：「四十多年尚未顯露眞實。」

眞實圓教的妙義，龍樹根本不懂，它卻藏在《法華經》裡，難怪他會聚精會神誦讀。據說他幾度發出顫抖的聲音，歡喜得手舞足蹈起來。

這時候，他再也不敢心存傲慢，自以爲是了。他終於對世尊浩瀚無垠的智慧心服口服，對於佛陀的大慈大悲感動得淚水直流了。

總之，龍樹最後明白《法華經．壽量品》的妙義。領悟了佛法的境界。那就是《法華經》明白指出的根本一法，龍樹領悟可以生出無量義宇宙最根本的法理。

龍樹得到諸經一箱，其中也許包括《法華經》（二十八品）、《無量義經》和

《普賢經》等開結兩部經在內。因爲他體會到開結兩部經的奧妙，才能俱足無生二忍，進入悟境。

所謂「無生法忍」，是不是指他得到妙法——領悟宇宙的根本一法，而後進入的境界呢？

誠如《付法藏因緣傳》上說，豁然貫通，明白一相。

他恍然明白《法華經．壽量品》的妙義嗎？在這一剎那間，龍樹總算懂得「一相」了。無相不相的一相，即是《南無妙法蓮華經》。

難怪龍樹在自己的著作《大智度論》上寫著：「餘經不是秘密，法華才是秘密。」

大龍菩薩知悉龍樹領悟了妙法，自知再也沒有東西給他了，才送他回到南印度。之後，龍樹才打從心底想要廣揚佛法。

在龍樹弘揚佛法的過程中，首先，他向婆羅門的咒術挑戰。

因爲婆羅門習慣應用咒術，一位婆羅門爲了想勝過龍樹，乃稟告國王：「我有本事贏過這個比丘，大王呵，您應該好好考驗我們。」

國王說：「你眞是大笨蛋。龍樹菩薩絕頂聰明，簡直能跟日月爭光，他的智慧幾乎可以比擬聖者的心，你爲什麼不服氣、不尊敬他呢？」

婆羅門回答：「大王，難道您不想看他受挫嗎？我要用道理考考他。」

國王聽了也覺得有道理，便吩咐龍樹：「你明晨到殿裡來坐一下。」

翌晨，國王跟龍樹一塊坐著，那個婆羅門從後面進來，走到宮殿前，口中念念有詞，只見大池塘一片寬闊清靜，中央露出千朵蓮花。之後，他躍身坐在蓮花上面，向龍樹誇耀說：「你坐在地上跟畜生有什麼不同呢？你能不能過來跟清淨蓮花上那位大德智人辯論？」

此時，龍樹不甘示弱，大顯神通，立刻造出一隻長出六根牙齒的白象。他坐著白象走在池水上，直奔婆羅門那朵蓮花座，並用象鼻把婆羅門絞緊勾起來，向上高舉再往地面一丟，使婆羅門的腰部受到重傷。

婆羅門向龍樹鞠躬敬禮說：「我不自量力，妄想羞辱大師。懇求您同情我，讓愚蠢的我能夠開竅。」

這場神通比賽，最後是龍樹大獲全勝。

高舉紅旗，戰勝國王

龍樹大力弘揚大乘佛法，造出《優婆提舍》十萬首詩句，到處展開辯論，另外又作《莊嚴佛道論》五千首詩句、《大慈方便論》五千首詩句、《中論》五百首詩句、《大無畏論》十萬首詩句，其中包括著名的《中論》。

根據《佛祖統記．卷五》上說，《大悲論》明示不少天文、地理、製寶和製藥等方法。《大莊嚴論》明示一切功德的修行法門，而《大無畏論》也明示第一義的法門。

至於龍樹怎麼駁倒南印度國王，這段逸事很有名。

且說南印度那位國王（薩達哈姆王）統一各國後，信用邪道，大力摧殘佛教，竟使國內看不到一位佛教沙門。甚至使遠近各國的百姓也紛紛被邪道同化了。

這時候，龍樹心裡暗忖：「樹木若不把根砍掉，枝葉不會倒下來。若不去教化國王，正道誓必不能推行。」

根據記載，該國的政治是由王家出錢，僱人保護王室，因而龍樹自告奮勇去應徵，擔任護衛隊長。

他手執戟，走在隊伍前，整頓行列，跟大家打成一片，率領團隊。威武不嚴，卻也能推行命令，法令不明確，士兵卻很服從他。國王看了非常高興，問道：「傑出的將官是哪一位？」

侍者答道：「他是應徵來的人，不吃公家的米糧，也不領錢。一旦有事情，他都能服從命令，圓滿處置，建立良好的典範。不知他心裡想要什麼。」

又見《付法藏因緣傳》記述，龍樹手執紅旗，走到國王前面。

因爲龍樹菩薩爲了教化滿懷邪見的國王，才特地執紅旗跑到國王面前。歷經七年，國王不禁好奇地問他：「走到我前面的人，到底是誰呀？」

關於國王與龍樹的問答，《龍樹菩薩傳》與《付法藏因緣傳》兩書記述一樣：

國王把龍樹叫過來，問道：「你是什麼人？」

龍樹回答：「我是一切智人。」

國王大吃一驚，問他：「一切智人，全世界只有一個人，你居然自稱一切智人，到底可用什麼來證明呢？」

龍樹答說：「若想知道智，才要問說。」

國王心想：「自己頗有知識，也是大辯論師，即使問倒他，讓他沒有話說，也不足以提高自己的聲望。如果敵不過他，結果會不堪設想。但倘若不問他，無異自認不行。」

國王猶豫不決，才不得不問龍樹。

國王問：「你知道諸天的神正在做什麼嗎？」

龍樹答：「諸天的神正在跟阿修羅作戰。」

國王聽了很困惑，有意否定龍樹的話，但又提不出證明。即使想要肯定它，自己又不明白。情況彷彿一個人的咽喉裡被東西塞住，吞也不是，又吐不出來，進退兩難，狼狽萬分。

國王在困惑，尚未發話時，龍樹又說：

「這是空話，根本不能取信於人。大王，請稍待片刻，我會馬上拿出證據來。」

話剛說完，忽見空中出現許多兵器，彼此在交鋒，兵器紛紛掉到地面上。

國王說：「矛和戈等兵器，純粹用來作戰，你怎麼知道諸神跟阿修羅在交戰呢？」

「你也許以爲我在撒謊，還是自己實際看看比較好。」

龍樹一說完話，只見阿修羅的手、腳、指頭、耳、鼻等紛紛從空中落下來。

這樣一來，國王、臣民和婆羅門等，總算親眼看到空中諸神跟阿修羅雙方交戰的狀況了。

於是，國王才向龍樹敬禮，接受他的教化。據說宮裡上萬的婆羅門也紛紛理光頭，接受佛教的俱足戒。

寂靜涅槃

據說龍樹活的年歲很長，《大唐西域記》上記載：

「龍猛菩薩精通醫藥，自己會製造長生藥品，服後養生，所以，活了幾百歲，面貌還不見衰老。」

《南海寄歸傳》也記載龍樹活了幾百年，相當長壽。

因爲他每天早晨實踐一種衛生法，那就是洗臉的灌鼻法。原來，他用水清潔嘴巴以後，再從鼻孔喝水一洗，無異龍樹獨特的長生術。倘若不願通過鼻孔，由口中喝下也不妨。

耆婆也使用灌鼻法，這是印度自古以來慣用的衛生法之一，此法也有益腸胃的健康。

活了好幾百歲也許言過其實，然而，他愈老愈能保持年輕氣概，鬥志高昂，卻是不爭的事實。

許多書籍都記載他那套獨特的醫學知識。除了許多佛書，還有些醫學的專業書如《隋書》裡，也出現「龍樹菩薩藥方」、「同和香法」、「同養性方」等。另外，《西藏大藏經》的《醫方明部》中，也收錄龍樹的著作《治療法一百》、《龍樹論師阿婆藥儀軌》等。

《司休達醫錄》算是古印度醫學的一本外科書；其中也有些章節是龍樹寫的。龍樹除了寫過不少藥學書，在外科方面也有若干卓越見解。

根據普東那本龍樹傳，發現龍樹寫過《瑜珈百篇》的醫學書，和煉金術（化學）等作品。

後來，龍樹也難逃一死。關於此事，《龍樹菩薩傳》跟《大唐西域記》的記載不同，但有一點一樣，就是他自尋死路，意指自己選擇死的方式。

所謂壽終正寢，等於成全自己的生命，安靜地走向自己最後的地方。

先看《龍樹菩薩傳》的記述：

龍樹要去世前，曾向一位懷恨自己的小乘法師問道：「你希望我在世間長生不老嗎？」

對方回答：「不希望。」

龍樹聽了才走進一間安靜的房裡，馬上進入涅槃。

再看《大唐西域記》的敘述：

龍樹服自製的長壽藥，也勸引正王服用，同保長壽。不料，王子開始困擾了。

王子問母親：「我到底幾時才能繼承王位呢？」

王母答說：「看樣子，那個日子不會來啦，這是龍樹的福力致使，因爲他的藥術很厲害。如果菩薩寂滅，大王也會崩殂。龍樹的智慧浩瀚，慈悲無垠。所以，你不妨去央求他。」

王子聽母親的話，登門來求教龍樹菩薩了。

此時，龍樹正在誦讚和經行。他看見王子時，問道：「你今晚爲何如危如懼跑著來呢？」

王子答說：「家母說眾生把生命看成寶貝。但是，十方三世的諸佛以前實踐菩薩道時，不惜投身去救濟餓虎，割下身上的肉去解救鳩子，甚至用身上的血去餵飢餓的藥叉，他們都肯這樣修行，全都願意捨身去解救眾生，實踐慈悲，但是，現在呢？龍樹菩薩卻懷著崇高的志向，期待佛果，也慈悲芸芸眾生。我要求的是你的人頭。如果我的本願不錯，請你垂憐給我吧！」

龍樹說：「你說的不錯。爲了慈悲眾生，應該不惜自己的生命。王子呵，你要明白，我一死，你爸爸也會共赴黃泉，這樣行嗎？」

只見龍樹用乾茅葉自刎了。王子大驚地跑回家，稟告父王事情的始末。據說國王聽了哀痛而死。

雪山童子與薩埵王子，繼承尸毗的後代。

《大智度論》說：「好像釋迦牟尼佛自己所以能夠成爲大醫王，在於他肯解除眾生的一切病苦，而不求名利，始終肯憐惜眾生。」

偉大的醫生替人治病的動機，完全出於憐憫眾生。身爲醫生，一定要懷有大慈大悲的基本心態，眞正想治好眾生的身心苦惱才對。

醫學當然要依據這種精神，透過慈悲發揮出來，否則就等於謀殺病人。如果只看病情而不顧病人，顯然不是「醫學的勝利」，或「人類的勝利」。

第五章 持水和流水

學術俱優的模範生

日本某位醫學教授說：「醫生要具備三項要素，就是學、術、道三項，缺乏任何一項都不能行醫。如果不懂醫道，就不是醫生，不懂醫道的人，沒有資格當醫生。」

本質上，醫學含有倫理特性，原因是醫學完全以人類爲對象，所謂「醫者，仁術也」。

世尊心目中的良醫，要兼備醫學、醫術和醫道。世尊教誡天下的醫生們，除了全力精研醫學，講究醫術以外，對病人尤其要懷有慈悲心。

醫學與醫術俱優，又充滿愛心和理解生命的醫生，才是世尊理想中的醫生。《金光明最勝王經》記載的持水與流水，無疑兼備上述的三項條件。

不妨先看日本日蓮大聖人讚揚的兩位東方名醫——耆婆與扁鵲。他在《御書》

上記述：「以上四百零四種病，幸由持水、流水、耆婆和扁鵲等人，用方藥醫好。」

再看《金光明最勝王經・除病品・第二十四》：

佛告誡菩提樹神善女天說：「你仔細聽著，好好思念著，我現在要向你講解十千天子的本願因緣。在過去無思不可思量阿僧祇劫時，有一位佛出世，名字叫寶髻如來……，這位佛滅後，像法中有一位天自在光王，名叫天自在天，常常用正法教化人民。猶如父母疼愛子女。該國有一位長者，名叫持水，他精通醫學，懂得醫科的八術，他善於醫治眾生的苦惱，包括四大不調和的疾病。不論醫學、醫術和醫道都十分卓越，不愧爲天下名醫。」

持水向流水教授醫術時，曾經這樣說：「八術是針刺、傷破、身疾、鬼神、惡毒，以及孩童、延年益壽、增強氣力。」

這顯然是當時醫學上的分科，就像現在的內科、外科和婦產科。

「針刺」：相當於現在的外科；用針刺來治療頸部以上若干疾病。

「傷破」：即現在的外科；剖開炎症、膿瘍來治療。

「身疾」：相當於現在的內科；靠藥物的服用來醫治。

「惡毒」：服用阿伽陀藥，消除體內的毒氣，屬於瀉毒作用。
「孩童」：即現在的小兒科。
「延年」：保持青春的秘訣。
「增強氣力」：增強氣力、刺激性慾的方法。
所謂蓋世名醫，意指上述八術都能得心應手，應病治療。
再談那位持水的兒子，取名「流水」，佛經上記載：
持水長者的獨生子，名叫流水。他長得相貌堂堂，爲人樂觀。生性聰敏，對於諸論、書畫、算術等無一不通。
某年，國內的無數眾生都備受流行病困擾，家家都沒有歡樂。流水目睹百姓叫苦不迭，湧起了大悲心。不禁暗自思量：「我父親精通醫科，擅長八項醫術，雖然有本事醫治百姓的病苦和四大的不協調，無奈年老力衰，身體虛弱，必須靠扶持才能走動。這樣，當然不能走到各地去看病、救苦救難。眼前有無量眾生都患重病，國內也無人能夠治療他們。我只有去拜訪是大醫生的父親，問他有關治病的秘訣和妙方，若能學會醫術，我必須到各地去治癒眾生的疾病，讓他們日夜安樂。」

學習醫學倫理

西方醫聖希波克拉底的誓言裡，有一段話是：「凡是教授我這套醫術的人，我會敬他如父，也會把財產分給他，必要時幫助他。看待他的子孫如同自己的兄弟，他們若有意學習，我會慷慨授予這套醫術，不收分文。同時，我會用撰寫、講授和其他各種方法，將醫術傳授給我的兒子、老師的兒子，以及發誓遵守醫道規則的弟子們，不會傳授給別人。」

這段話成了以後的醫生倫理，只有發過此誓的人才能教授醫術。

在古印度時代，醫生與弟子之間，有倫理的誓言存在。據說醫生要收門徒時，先要看對方適不適合才核准進門，不能隨便收徒。考慮的條件包括：不激怒、不傲慢、有深思熟慮的性格、愛清潔、肯獻身、頗具同情心、不貪婪和怠惰、服從師長、具有智性、希望一切生物都能幸福等。

醫學教育始自獻身方式，教師可以要求學生履行醫道義務，之後才開始正式訓練。

且說流水決心學醫，才毅然去請教父親持水。

《金光明最勝王經．除病品》上說：「慈愛的父親，你應該憐憫我，我想要解救眾生，才特地來請教醫學技術。請你爲我解釋人的身體爲什麼會衰退？是不是四大不平衡引起的？或者患病跟季節有關係嗎？」

持水聽完兒子的懇求後，才逐一解說佛教醫學的精髓給他聽。

肉體疾病的起因爲四大不協調，氣候變化也會引發不同病況，因此，只要依據四季的變化，給予適宜的飲食，服用適宜的藥品，大致上應該不會患病才對。《金光明最勝王經》說，除了知曉季節變化和疾病種類，也得明白病人的本性。

佛教醫學把身體的本性，分成風性、熱性、陰性和總集性四類，懂得這些才是治病的重要關鍵。就像中醫應該要懂陰陽、虛實一樣。

有趣的是，看見死相也不能忽視。據說若不現出死相才是該救的人，趕緊去治療。

由此可見，持水總算把八項醫術的概要、四大增損可能引起的疾病，如何根據時節不同、病人特性而開出正確的藥方。

流水明白父親的教示，自己大體上足以勝任治療百姓的任務了。

最後，持水教訓兒子說：「先得發起憐憫與慈悲心，不要斤斤計較財利，我把治病要訣告訴你了，你要用來解救眾生，才能得到無邊的功果。」

如果失去憐憫心，醫術立刻會成爲貪財的工具，持水早已知道憐憫心對醫生的重要了。

心態會決定業的善惡

東、西方社會裡，關於醫道的訓誡不少。

例如在希波克拉底的誓言裡，有一句話是：「無論前往哪種病人家裡，一切要以病人的利益爲主，千萬要避免任何破壞與墮落行爲。」又說：「不考慮病人是男是女、自由人或奴隸……，不論醫治狀況如何，千萬要嚴守別人的生活秘密。」

世尊的醫學，也處處談到醫生的戒條，不能做缺德事。例如《大智度論》上說：「佛法沒有大小，也不分內外，一切以修行爲主。譬如服藥，總要以醫病爲主，不分病人貴賤大小。」（卷十）「譬如用良藥醫病，也不論病人的貴賤。」（卷七十五）

為什麼東、西方社會的醫道一致要求醫生重視倫理呢？原因是，醫生治療的對象是人，而且，醫學本來就含有非倫理性，所以，才特別重視人倫因素。

醫學所含的非倫理性，計有以下幾個項目：

一、必須知道對方的秘密。

二、要衡量或觀察對方的身體，一有錯誤，就會犯罪。

三、必須傷及對方的皮膚或內臟器官，那就是手術。一旦有錯，就會造成傷害罪。

四、必須採用對方的血液與臟器。

五、要給對方某種人類攝取不到的物質。例如藥品、放射能、超音波、疫苗。

六、常常解剖屍體。

七、不得不以動物或人類為實驗對象，例如開發新藥品，或新的手術研究。

只有醫生才被允許去執行這些非倫理的行為，因為醫生能夠透過這些行為，醫治眾生的病痛，讓他們得到幸福。總之，只有為別人的幸福，才允許這些非倫理行為存在。

因此，當醫生保有崇高的道德心，淵源於佛法的大慈大悲。

龍樹在《大智度論》明白表示這種事實：「提婆達多讓佛陀的身體出血，耆婆也使佛陀的身體出血。雖然同樣出血，由於心態不同，一個人得犯罪，另一個人該得很大的福德。」（卷六十三）

原來，提婆達多讓佛陀身上流血，係因他心懷不軌，有意殺害佛陀，該得五逆罪的無間業。相反地，耆婆在佛陀身上動手術，爲佛陀看病，希望解除佛陀的疾苦，才能得到巨大的福德。

耆婆的誠心，只想救佛陀的病苦，心態不同，才有惡業與福德的差別。

持水再三提醒流水要以慈憫心看待眾生，因爲佛法主張的慈悲心，是要以醫術救濟眾生的苦難。而且，要除去醫術的非倫理性，把醫療的場合，改成信賴與人類愛心來往的源泉。

流水不時前往各個部落，大聲疾呼：「我是醫生，我是醫生，我懂得用藥治病，我要爲大家看病，我會把你們的病痛統統醫好。」

據說，許多病人聽到這些話，身心雀躍之餘，紛紛前來接受治療，果然藥到病除，苦痛也消失了。不久，病人都能恢復體力，精神爽快。

從此以後，流水一直在國內替眾生看病，實踐自己的心願。不消說，病人也陸續前來向他道謝：「善哉、善哉，好一位大長者的兒子，果然能夠推展福德事業，利益我們的健康與壽命。你的確是當今的偉大醫生和慈悲菩薩，學到高明的醫術，懂得最好的藥方，醫好眾生無邊的病苦。」

慈悲遍及一切有情眾生

《大智度論》提到：

「譬如兩種醫生：第一種醫生只知一種病，知道它的病因，知道它的病情，也懂得用藥方治癒對方的病痛。但他不知一切病況，不懂一切病因，也不會醫好所有的病症。第二種醫生卻懂得各種病況，了解各種藥性，知曉各病因、病情。聲聞之輩，猶如小醫生，知道有限，而菩薩摩訶薩彷佛大醫生治病，對各種病況無所不知，也了解各種藥方。」（卷二十四）

「譬如小藥師只用一兩種藥，而不知其他的藥物，故不能醫癒大病。大藥師懂得各種藥物，才能醫治各種病症。」（卷二）

佛法講大慈大悲，慈悲心浩瀚無垠，同情一切眾生，也憐憫芸芸眾生的苦惱。

世尊懂得各種病苦，也能醫治百病，世人稱他大醫王；大醫王懂得各種藥物，也了解各種病因，故能治癒各種重病。

的確，醫術分成八類，每一類都很專門。然而，大醫王除了擁有自己的專業知識，也一定要有一套解除病痛的醫術與心態。

只會醫治身體的病，不會解救心靈苦惱的醫生，不過是小醫生而已。那些會醫治身心疾苦的醫生——能夠治療整個生命的醫生，才配稱為大醫王。

在世尊眼裡，理想的醫生形象，無疑是大醫王的形象。這種醫生要懂得用各種方法，解救每個人的病。像流水這樣的醫生，雖然借用另外醫生的專長，也接受外援，但是他始終懷抱憐憫心與責任感，努力治癒病人的身心，所以應該得到眾生的尊敬。

殊不知流水的慈悲心，不僅會對人類如此，他那浩瀚的愛也普及天下蒼生和所有生靈。

根據《金光明最勝王經．長者子流水品》的記述：「善女天，當時，長者的次子娶妻叫水肩藏，生下兩個孩子，一個名叫水滿，另一個叫作水藏。」

有一天，流水偕同兩個兒子從城裡進入深山。他們發現山裡有一個大池塘，名叫「野生」。

可惜，池水枯乾，水裡有許多魚類都死了。

流水目睹這個情景，忍不住鼻酸，湧起了慈悲心。

於是，他們父子一起往前走，找尋池塘的水源，不久發現水往下流走，堰堤的上游卻儲滿了水量。

他們發現縱使要破壞堰堤，一群人也要費時三個多月。

眼見如此情狀，流水迅速回到城裡，向國王稟告一切，同時借了二十頭大象，又向酒家借用皮囊，跑到上游去裝水，再運到池塘放進去。半晌，池塘裡也儲滿了水。

接著，流水知道魚類餓了，趕緊率同兩個兒子到父親持水的家去，搬些食物散落在池塘裡。

這樣一來，奄奄一息的魚群才復活起來。但是，流水的慈悲並不是到此爲止。他暗中下決心：「但願來世施予法食，無量無邊，解救牠們。」

流水後來進入池塘裡，誦讀大乘佛經給魚群聽。幸虧流水的功德，一群魚死後才能出生到三十三天。

佛告訴善女天有關持水與流水父子的話。其實，善女天正是當初幸賴流水救助和念經，才能出生天上的魚群。

至於那位長者的兒子流水，正是世尊自己，他的父親持水即是那位妙幢菩薩。

根據經文上的記載，他的長子水滿正是銀幢菩薩，次子水藏是銀光菩薩的形象。

持水與流水的故事，是世尊的前生經歷，以世尊爲「大醫王」，充份示現世尊的慈悲形象。

第六章 人生的苦痛

誰都知道人生的苦惱分爲生理與心理兩種。

《大智度論》將人類的生命苦痛，分成身心兩類：「身苦有身痛、頭痛等四百零四種病苦。心苦有憂愁、瞋怖、嫉妒、懷疑等。綜合這兩種苦，即是內苦。」（卷十九）

醫生若要解救病人的苦痛，一定要懂得人生的身、心兩種苦惱。人生的苦惱超過生理的界限，混雜人類特有的憂慮和煩悶等精神狀態。

龍樹顯然把人生的苦惱分成身、心兩類。身苦當然指肉體的苦楚，而心苦卻涵蓋憂愁、悲傷、瞋恚和恐怖等。身、心兩苦交相混合，才造成人間形形色色的悲劇。

《俱舍論．第十二》談到苦諦時，指出有三種苦：「有三苦性質：第一種是苦苦，第二種是行苦，第三是壞苦。許多被煩惱污染的行爲，都伴隨這三項苦惱，才能形成苦諦。」

「苦苦」是指生理或肉體的苦痛，屬於凡由肉體感受到感覺性的苦痛，例如身痛或頭痛。凡由痛覺神經感受得到的苦楚，大致上可以叫作「客觀的苦」。

但因情況不同，這種苦痛雖然會逐漸劇烈，但也會減輕，甚至輕微到毫無感覺的程度。

「壞苦」是指心理或精神的苦惱。倘若對於某些事情深懷希望或央求的時候，一旦不能如願，就會感受百般苦惱了，這是來自煩惱的心苦也。

即使狀況相同，這種苦也會由於個人的心態與煩惱的起因不同，而導致各種變化，可以說是個人主觀性的苦。所以，煩惱愈劇烈，受苦程度也愈大。

「行苦」是指行——這個現象世界，本身即是苦惱重重。

表面上看這個世界好似苦樂交集。事實上，一切現象都是流轉、變化和無常的東西。所以，「對凡夫而言，一切現象都成了苦頭」。

快樂很快消失，幸福只不過片刻的存在。一旦環境或狀況起了變化，一切現象都呈現壞滅。它的極限，只有一死，萬事皆休，如此而已。

眾生受制於現世的快樂，或傾全力在現象世界裡，在他們的眼裡，死亡只會剝奪他們的一切快樂。人類不安或恐怖的根源，在於本身的無常，這是面對死亡時的眞正苦惱，也就是佛法所說的行苦。

「四門出遊」的含義

生、老、病、死等四苦，正是出現人生的三苦（苦苦、壞苦和行苦）。尤其，病人除了忍受病苦，也要憂慮衰老、畏懼死亡，有時還要擔心生育子女的問題。

佛法本要解決人生的四苦，醫生除了解除病苦的主要目的，也要排除一切四苦的情形。所以，醫生需要了解生命的哲理，因爲世人面對四苦和八苦時，也需要醫生作伴。

龍樹在《大智度論》也列舉人生的苦惱：「十方世界的無量眾生，飽受三種身苦——老、病、死，三種心苦——淫、瞋、癡，和三種後世的苦惱——地獄、餓鬼、畜生……，佛陀爲了斷絕三苦，得到三乘，才出世到人間。」（卷九）

說眞的，今世的眾生受盡老、病、死的苦惱，而且，由於這些苦而擔心後世會跌入三惡道裡。佛陀爲了解除今世與未來世的苦惱，得到聲聞、緣覺、菩薩等境界，才出現在這個人間世界。

老、病、死等三苦因何而來呢？歸根究柢，全是因生而起。換句話說，生也苦惱，人類由於生，才會導致老、病、死的問題。

關於世尊的出家有一段插曲，那就是「四門出遊」，這事發生在世尊放棄三項驕傲以後，這三項驕傲是指青春之傲、健康之傲和生存之傲。

根據《方廣大莊嚴經．卷五》的記述：

父王淨飯王擔憂太子（世尊）會出家，有一天，太子想出城到村裡去遊玩，就命令車夫備車。

父王聽到消息，立刻命令車夫打掃馬路，修飾巷道，清潔園林，別讓太子看見髒物。

不料，太子走出東門的時候，路上看見一個白髮老人，身體衰弱，膚色枯乾，彎腰駝背，手執枴杖，喘不過氣來。他瘦得皮包骨，筋肉消失，沒有牙齒，滿眼淚水，走路蹣跚，出現在他們面前。太子問車夫：「他爲什麼會這個樣子呢？」

車夫答說：「這是個老人，凡人生下來，不論貴賤，都難免遇到這種苦事。」

太子聽了很憂慮，馬上吩咐回宮，沒有興致出去玩了。根據經上記載，這個老人是淨居天的化身。

不久，太子想從南門出去，淨居天又化身一個病人出現。只見一個病人在路邊，骨肉枯竭，形貌虛弱，上氣不接下氣，身體黏著糞便，在痛苦中掙扎。太子又問車夫：「難道我以後也像那個人一樣嗎？」車夫回答：「人生下來難免這種苦惱。」

太子一聽又下令回宮，不再去玩了。

之後，太子從西門出城時，淨居天又化身一個死人，被放在柴薪上，散著香花。家屬圍著哭泣，要給他送葬。太子看了問道：「這是什麼人？」

車夫回答：「死人。」並說人生下來都難逃一死。太子一聽，立刻中途回宮，毫無出遊的興趣了。

後來從北門出城時，遇到一人穿著壞色衣服，剃掉髮鬚，手上托鉢，形象威嚴，跛步走著來。太子問他是誰，車夫回家：「出家人。」太子下車向他行禮，然後問他：「出家有什麼好處？」

「我看到世人老、病、死的無常現象，心想解脫。我所修習的是無漏（脫離煩惱）的聖道，心懷慈悲，護會眾生。」太子聽了，就決心要修習這種道了。

佛法和醫學，片刻也不能忽視人生存在的四苦。

超越生死的哲理

《涅槃經・聖行品・第七》記載世尊向迦葉說法，內容如下：

一位容貌漂亮、打扮高貴的女人，走訪一戶人家。

主人問她是誰，女客答說：「我名叫『功德天』。」

「你要去哪裡？有何貴幹？」家主人問她。對方答說：「凡是我去的地方，都會帶來金、銀和琉璃等財寶。」

主人喜出望外地說：「我眞有福德。請到我家裡來吧。」接著，他馬上焚香，散花來歡迎她。

不料，片刻之後，門外又來了一位女人。

主人出去一瞧，這位女客剛好跟剛才的女客相反，奇醜無比，蓬頭垢面，衣衫襤褸，皮膚枯乾，臉色蒼白。問她姓名時，她答說：「我名叫『黑闇』。」問她的去處時，她說：「凡是我去的地方，都會讓那裡耗失家財。」

主人一聽，忍不住拔刀大叫：「你快滾，否則要你的命。」不料，這個女客卻不慌不忙地說：「你太傻了，一點兒頭腦（智慧）也沒有。」

主人問她：「爲什麼？」對方回家：「你家裡那位女客是我姊姊，我和姊姊形影不離，所以，你若把我趕走，我姊姊也會追著出來，不會留在你家裡。」

主人吃驚地轉身進去，問功德天，說：「外面有一個女人說是你的妹妹，可是眞的嗎？」

功德天答說：「她的確是我的妹妹。我們一起行動，從來沒有分離過。我喜歡爲善，她卻愛作惡。我常常給人利益，妹妹常常讓人耗損。不過，你若要愛我，也一定要同時愛我的妹妹才行。」

主人說：「既然這樣，你們都走吧？」兩個女人果然都離去。

在這段話裡，那位姊姊是指「生」，妹妹表示「死」（老與病）。因爲生出現在死的前面，才以姊姊表示生，而死出現在生後面，才以妹妹代表死，然而，姊妹始終不會分離。因此，生也不離死，人一出生休想不會死。

最後，世尊下結語：「善男子，八相叫作苦，那就是生苦、老苦、病苦、死苦、愛別離苦、怨憎會苦、求不得苦，五盛陰苦。凡有八苦法，就叫作因，若無這八法，就叫作滅……迦葉呵，生的根本含有以上七種苦。……迦葉呵，世間的眾生，只會顛倒迷妄，貪著生相，厭憎老死。迦葉呵，菩薩不會這樣。他早就看透生裡潛伏老、病、死等過患，才想要超脫生與死的極限。」

菩薩譬如醫生，需要同時注視生與死，也要同時重視它們，更有一套永恆的哲理來突破這兩道對立的關卡，睜眼看出生、死兩種實相。

信仰老、病兩苦的回轉

關於生苦，《涅槃經．聖行品．第七》上有記載：「生即是出相，計有五種，一是初出，二是至終，三是增長，四是出胎，五是種類。」

意思是，生就等於出，而生有五種相，就是初次生出，到結束爲止，生長過程，從娘胎出來，和形成種類。

所謂「生出」，就是出生到這個輪迴現象界的人間。包括從娘胎裡出來，也指誕生以前懷孕的一剎（結生）。

寄寓娘胎的一瞬間，生就包括宿業的苦在內，也跟死絞纏在一起了。如從三苦的觀點說，在基本上，所謂行苦的根本不安，含有苦苦與壞苦的遺傳因素，從此開始人的一生。

至於「生相」，它一面跟老和病交戰，一面在生長、出胎、形成種類，以至於死，都是人的一生。無論如何，生的基底下常常有行苦，凡夫卻察覺不出來。

關於「老苦」，佛經上也記載很清楚（聖行品・第七）：「老有兩種，一種是念念老，二種是終身老。另外又有二種，一種是增長老，二種是滅壞老，這些叫作老。」

「念念」是指每個時間都在老衰，終身如此，而老苦所以成問題，恐怕來自後者——終身老。

另有生長的老法，和滅壞的老法。「增長老」就是協助生長的情形，到青年期爲止，細胞的老死照樣在支持身體的成長。由於細胞的新陳代謝，身體才會壯大。到了壯年期以後，就以心態成熟方面爲主。一個人的完成，必須經常捨棄舊的心態，喚起新鮮的心思。倘若一直任由舊心態來擺佈，就不能進行心態的新陳代謝了。

所謂「滅壞老」，即是造成老苦的東西。

年紀大時，常常會咳嗽，上氣不接下氣，缺乏果敢決斷的能力，只知回憶年輕時代的快樂。架子很大，一意孤行，不易親近。

老人彎腰駝背，難免怠惰，結果很容易令人輕蔑。

同時，老人彷彿一棵樹長在險阻的河岸，一遇到暴風，必然會倒進河裡。瀕臨老境的險岸，一遇到死風吹來，馬上不能活命。

由此可見，老苦除了肉體或生理上的苦痛以外，還有精神與心理上的煩惱（壞苦）。畏懼精神機能的衰退、擔心自己失去心理的彈性，遠比生理的衰老更使人不安。

死亡的陰影，始終籠罩著老苦的境地。

《涅槃經》有不少譬喻說明疾病為苦惱的原因：

有一天，世尊教示迦葉說，菩薩對於病苦有獨到的觀察。依菩薩來看，生病會把一切穩定和快樂摧毀殆盡。猶如雹雨傷害幼苗一般。有些人遇到怨憎，才會心生憂鬱，懷有恐怖感。但任何人都會不時擔心生病，怕有病魔來襲。

而且，死的轉輪王常常會追隨病臣身邊，形影不離。它也常會破壞人的精壯和安樂，讓人捨棄慚愧心，備受身心的煎熬。所以，病苦會變成極大的苦惱。

病苦也有精神苦惱（壞苦）和肉體的苦痛（苦苦）。

再者，因為病跟死形影不離，這種苦惱才會令人難以忍受。例如聽到治癒的希望時，縱使同樣是生理痛苦，也照樣能夠容忍；相反地，世人非常難以忍受絕症的苦痛。

因爲醫生要能把滅壞老變爲增長老，也要透過病苦來洞察生死的實相，才要他得有一顆堅決信仰佈法的心。

人生的究竟

死亡等於給人生算總帳。有人縱使一輩子享受快樂，如果最後的下場既痛苦又悲慘，這種人生堪稱慘敗。相反地，如果生命裡苦樂交集，多彩多姿，逐漸享有福德，死時心裡不慌不忙、安安靜靜，這也算是勝利的人生。這種死無疑是很平安的生命休憩處，同時，也會歡喜地跳到下回的生死輪迴裡。

死苦正是苦苦、壞苦和行苦的縮影。人生與其說明有肉體或生理的苦痛，不如說，由於死的緣故，人生會承受更大的心理苦惱。

世人通常很在意自身，或自己的事業，甚至對生命的評價，也很苦惱死後的家屬問題。但最要緊的是，對於死亡那種未知的東西，懷有某種根本的不安與恐懼。行苦底下看得見黑暗的深淵，也是在死的時候。

死是個人的事，一定要自己去面對，這時既會絕望又孤獨，但也可能會驚心動魄去挑戰死神。

關於死苦的解說，不妨參閱《涅槃經・聖行品》的敘述：「死是捨棄所受之身，這種情形有兩種，一種是命盡死，另一種是外緣死。命盡死也有三種：第一種是命盡非福盡，第二種是福盡非命盡，第三種是福命俱盡。外緣死也有三種：第一種是非分自害死，第二種是橫爲他死，第三種是俱死。這又有三種死：第一種是放逸死，第二種是破戒死，第三種是壞命根死。如果誹謗大乘方等般若波羅蜜，叫作放逸死……；如果毀犯未來和現在諸佛所制的禁戒，叫作破戒死……；如果捨棄五陰身，叫作壞命根死。由此可知，死可稱爲大苦。」

佛經從各個角度說出死的種類。每個人的死苦不同，端視他死的方式如何來決定。先談命盡死，那是指壽命終止的死亡，這方面也得看他的福德是否已經窮盡，故又可分爲以下三種：一：好像壽命結束，而福德尚未竭盡的死；二、福德枯竭，而壽命尚未截止；三、福德與壽命同時窮盡。

第一種才是應該盼望的死法。福德滿盈，各種人都來照料，看不出死的苦惱，很安詳地前往下回的生死旅途。福德與善根會徹底除掉他對死亡的不安與惶恐。

第二種死法很悲慘。後半輩子只幹惡業，這樣非掉進三惡道或地獄裡不可。事實上死了，而命不該絕，只好拖拉到壽命截止，殊不知這種死苦，簡直難以形容，實在太苦了。

第三種情況也許生命裡含有福德，但死時仍然很痛苦。福德雖然稀少，只要留下來，痛苦也會減輕。這時候，下回的生死輪迴，豈非難免三惡道的下場嗎？

上述外緣死也有三類，那是指被迫自殺、被人殺害，以及雙方面的緣故致死，任何一種死法都很痛苦。

尤其是自殺，由於煩惱得無法負荷，遠比一般死亡更痛苦，煩惱幅度更大。

其次，死不是單指肉體的死亡，肉體的死是指他丟棄五陰假和合的身體那種壞命根死，但還有一種死比這種更嚴重；那就是誹謗大乘佛經（《法華經》）的放逸死，而且，破戒死——犯了三世諸佛的禁戒，也叫作死。三世諸佛的禁戒是指五逆罪或謗法罪。在末法時期，有人誹謗妙法，膽敢破壞和合僧團。

放逸死與破戒死，無異徹底破壞自己的福德，導致自己陷入阿鼻地獄裡，這種下場正陷自己於萬劫不復的境地。

邁向永恆的生命

四苦八苦點綴的人生，堪稱良友，也是援護者，所以，醫生必須明白生與死的眞相。例如有些醫生只站在生物學的立場，把人生看成精子與卵子的遺傳作用；而有些醫生以爲人類生命裡，少不了主體性的「中有身」，因此，他們對於人工受精、遺傳因子的治療、實驗管嬰兒的態度，就有極大的不同了。

任何人的死亡，都是性質同樣的問題。不過，有些醫生以爲死不過是生命的斷絕或消滅罷了，有些醫生則認爲肉體崩毀不等於生命消失，反而是另一種旅途的開始。結果，他們自然對於安樂死、植物人或自殺的看法大異其趣。

現在，有人相信永劫的生死輪迴，他們好像希望靠冷凍人或腦移植等手段，來達到不死的目標。不管我們贊成與否，事實上，這些人想要改造人類，追求不生不死。

基本上，佛法的生死觀，始自世尊坐在菩提樹下成道。

據說世尊坐在菩提樹下降伏魔軍以後，爲了救度眾生起了慈悲心，才打破煩惱，開啓初禪、二禪、三禪和四禪等境界。

當時，世尊在夜晚的初、中、後等三分裡，也證知三明六通。三明（三種神通）是宿命通、天眼通和漏盡通。在三明裡加上神變通（神足通）、他心通和天耳通，合稱爲六神通。

其中，宿命通是指一種卓越的智慧——通曉自己與別人的過去。據說世尊在初夜時，就已經證得「宿命通」了。

根據《佛本行集經》上說，世尊的宿命通能夠追溯自己與別人的過去一輩子、兩輩子，甚至遠到大劫這樣無限生死的程度爲止。另外，世尊還證知自己在其間的姓名、族屬、住處、飲食、接受過的快樂和壽命長短等事情。同時，世尊也如實知見一個生命終結時，出生到另外場所，和生死流轉的反覆詳情。

「天眼通」是指某種能夠預知眾生未來命運變化的智慧。據說世尊曾在中夜的時候證得這種通力。

根據《過去現在因果經》的記述，世尊到了中夜，靠天眼通觀察世間的情狀。他發現芸芸眾生在未來世，會依據自身的善惡行爲（業），一面承受苦樂的果報，一面輪迴，而這些現象好像清清楚楚反映在明鏡上。另在《佛本行集經》裡，也明白指示未來的五道（六道）：「地獄的眾生，受盡極端苦楚，如果投生畜生，會遭到弱肉強食，如果跌入餓鬼界，也會常常受到飢餓之苦。縱使出生人間，也不易謀財，如果出生天界，不久果報來到也會難逃五衰。」

再說世尊到了後夜時候，在無明裡找尋六道輪迴的業苦根據，一面觀照十二因緣，一面斷破無明，而後證得了「漏盡通」。

斷破無明，不外接受法性光明的照耀。世尊終於覺知了歷經三世、編織生死流轉的那套根本大法，從此才放射佛陀偉大的生命光輝。

佛教醫學的基礎，完全建立在世尊這種生死觀上。因此，佛教醫學倫理也立足在生命的根本法上，而醫生必須注意人的永恆生命。這項要求無疑成了當醫生的起碼條件。現代醫生也不能忽視這種條件，若要以人類的眞正醫生，以及慈悲醫生來做自我期許，尤其不能忽視世尊的生死觀點。

第二部

佛教心理學

第一章 阿闍世王的情結

母子的根本矛盾

在耆婆那章裡，顯然以醫生的醫療活動爲主，現在，將醫療方向放在病人身上，不失爲必要的探討。

阿闍世是摩竭陀國的王子，是耆婆的病人，也是提婆達多的弟子，後來反而皈依了世尊。他會從提婆達多轉向世尊的關鍵，在於他患了一種致人於死的大病——惡瘡，害他叫苦連天。若用現代的話說，那是典型的「身心症」，同時也刻劃出阿闍世自己半輩子的足跡。

依照佛法的知見來說，生死流轉的宿業存在患病的生命底下，而這股業力會形成各種煩惱，不妨叫作「瘋狂之病」。

總之，那是一種「業」病。關於阿闍世的「身心症」，根本原因不單單起自今世的人際關係，還得以宿業的觀點追溯到他的過去世。

要醫好這種惡業，顯然不是一般醫生的能力。縱使他請耆婆來，光靠一人的能力，也不可能治癒那顆大惡瘡。於是，圍在阿闍世旁邊的一群人也紛紛入場了。他們是阿闍世的父親頻婆舍羅王，母親韋提希夫人、世尊和提婆達多。

這種「致人於死的病」呈現一項不幸的形態，它等於宿業爆發的最高峰，父母親在這方面的關係如何呢？世尊、提婆達多與耆婆等人扮演什麼角色呢？希望從阿闍世的經歷裡，多少能窺視業病被醫好的典型例子。

順便一提的是，一九三二年，日本精神分析學的先驅者古澤平作，曾經訪問維也納的佛洛伊德，當面提出一篇獨創的論文〈阿闍世的情結〉。經過四十多年，古澤的這篇論文終於引起世界性的反應。

根據古澤的研究，「阿闍世的故事」是這樣的：

阿闍世背負一段頗不光彩的身世，原來，母親韋提希夫人年老色衰，深怕被丈夫頻婆舍羅王拋棄不愛，所以很想生下一個王子。

一位預言家警告她：「山上有一個仙人三年後會死，然後投胎到夫人的肚子裡。」不料，夫人怕失去丈夫的疼愛，迫不及待跑上山去把仙人殺死了。

仙人死時很埋怨夫人。不久，夫人果然懷孕，但她也怕仙人的咒語，總想墮胎算了，可惜不能如願。據說她生產時，特地跑到高塔上面，讓嬰兒從上面墜落，結果，嬰兒只斷了手指，之後成長反而很順利。不料，提婆達多卻將這段出生的秘密，透露給年輕氣盛的阿闍世王子。

本來，阿闍世一直很崇敬和美化自己的母親，聽了提婆達多的告密之後，對母親的敬愛馬上幻滅，反而起了殺意，想先殺死父親，後殺害母親。於是，耆婆出來勸諫阻止了。

不料，這時的阿闍世由於企圖弒母的罪惡感發作，竟然身上長出大惡瘡來。不但這樣，惡瘡臭氣沖天，誰也不敢靠近，只有韋提希夫人愛子心切，不顧一切前來服侍他。這樣卻只有加深阿闍世的懺悔心。

母親寬恕這個企圖殺害自己的阿闍世，阿闍世也寬恕了母親。最後，母子倆總算恢復感情，過著眞正的人間生活。

古希臘神話有戀母情結，兒子因爲愛戀母親而殺死父親；阿闍世王殺害父王，卻絕非暗戀母親。

韋提希夫人見青春消逝，自己又沒有生育子女，深怕失去國王的寵愛才悶悶不樂，這是悲劇的根源。

換句話說，阿闍世殺害父王的動機，根源於：一、母親怕失寵於父王，苦悶之餘才懷了自己；二、因爲母親殺害仙人才懷了自己；三、自己的出生淵源於這樣的怨仇殺害，才忍不住怨怪父母。

於是，古澤認爲阿闍世的生命裡，含有母子的根本矛盾，爲了超脫而引發「懺悔心」。

在阿闍世的誕生裡，環繞著母親的自私心，後來母親又服侍滿身惡瘡、臭氣難聞的阿闍世。有人認爲阿闍世之所以想殺害父母，爲的是要有眞正的父母，而母親願意伺候兒子，爲的是要做一個眞正的母親。

以上只是古澤平作筆下的阿闍世王子。若看佛經上的記述，不難發現問題的眞相。

過去宿業形成今世

阿闍世是頻婆舍羅王和韋提希夫人共同生下的兒子，他的誕生無疑背負父母親兩人的宿業。

在阿闍世的生命底，有生理和心理的遺傳資質在流動。只要父母親任何一位犯了殺人的惡業，孩子的生命裡也會承受一些殺人的特質傾向，這不是不可思議的事。

孩子本人因為背負父母的宿業，會終身苦惱不已。但是，阿闍世為何一定會承受父母親的遺傳特質呢？不論心理學與生理學，都找不到這個答案。

佛法的解釋是，阿闍世自己的宿業裡，注定非接受父母的遺傳特質不可。總之，阿闍世的生命底下那個業因，跟父母的業緣和合起來了。

那麼，阿闍世誕生時所背負的宿業，到底從哪裡來的呢？答案可從阿闍世的生命裡去找尋。因為阿闍世過去的宿業，形成他今世的生命。

如果是這樣，探討阿闍世的業時，就非追溯到他誕生前不可。如此，現代人也許很難認同誕生前的生命存在。

儘管這樣，事實上，也只有從前世的生命裡去找尋他的宿業，才是比較有說服力的解決方法。的確，輪迴轉世不是現代一般科學方法所能處理的課題。不過，它所儲存的資料也能證明到某種程度。

一、利用催眠術。例如向某人催眠，往前追溯下去。一直越過誕生時間，逐漸深入前輩子的生活。這樣，被驗者才會說出自己前世的情狀。據說，精神醫師伊莉莎白．古柏拉．路斯女士，曾經親自進行逆行催眠，結果很清楚地談到自己過去的生活狀態。

二、美國維吉尼亞大學司特遜博士的實證，曾在美國引起很大的迴響。原來，司特遜博士到世界各地找尋一批能夠保存前世記憶的兒童，調查他們的前世記憶跟眼前的事實是否符合。

據說他搜集二千個案件，其中有一個女童一直說明自己的前世有丈夫。她叫「斯庫拉」，住在印度西部的某個村落，五歲時硬要父母帶她回到前世的家。

當她們到了前世的家附近時，斯庫拉平時所說的情景果然出現了。斯庫拉親自引領父母到自己前世的家中，清楚地說出各種狀態。在家裡，她對自己前世的子女與丈夫表示深厚的感情。

司特遜博士仔細調查的結果，發現今世的孩子跟自己前世的人格極爲相似，所以他說這是轉世最好的證據。其他的案例中，有人說前輩子是一隻鳥，這就很難確認眞假。

佛法也認同輪迴轉世：根據業才會反覆出現生死流轉，或投胎轉世。

現代好不容易才開始呈現輪迴說的若干線索，但是，根據佛法業論的輪迴說，似乎還不到樂觀的時機。

阿闍世的父親頻婆舍羅王，在過去世也有各種行爲造成的宿業，一直在生命底下躍動著。關於他跟阿闍世的關係，留待後面再談，在此先說世尊指責頻婆舍羅王的一段往事。

原來，當頻婆舍羅王遭兒子幽禁餓死時，世尊指出死者前世的宿業因緣。根據《大般涅槃經》上的記載：「頻婆舍羅王從前有惡心，有一次，到毗富羅山遊行狩獵，想要找野鹿，到處尋找，都一無所獲。忽然，他遇見一位俱足五神通的仙人，立刻起了瞋恚心，下令左右把他殺死。因爲國王怪他把野獸趕走，才讓自己找不到獵物。仙人臨終時，因爲湧起瞋恚心而喪失神通，只聽他發誓說：『我沒有犯錯，你用心和口殘害我，來世我也要用心、口殺你。』國王雖然後來供養仙人，但他背負過去世的宿業……」

因此，他背負過去這段宿業，以怨恨心生下兒子，才讓阿闍世和生命裡刻劃這些痕跡，由於輪迴轉世、業力相續，才有殺父之怨。

第二章　佛教產科學

懷孕時已有「中有」（識）存在

有人說，人類的生命起於卵子與精子相遇那個時刻。的確，在卵子與精子相逢的階段，即已構成生命的一部份，但很難說是一個獨立的人類生命。形成受精卵時，在遺傳上總算有了爲人的一切基礎。一般來說，受精卵無異一幅形成人生的設計圖，但還談不上是人類。難怪有人會懷疑：「寓於人體的生命，幾時才能從東西變成人呢？」

現代醫學爲了讓世人不觸犯「殺人」罪，才設法在人與物之間劃出一條分界線，事實上，這樣很不容易。

佛教醫學主張，人類生命的誕生，除了卵子與精子以外，還得顯現「中有」或「識」的存在才算數。

「中有」是佛教名詞，意思是從死者亡後到誕生那一瞬間，意指「死亡的生命體」。「中有」如命運，已經被前世的業決定好了。在任何境界裡，是否再生得靠前世的宿業來決定。

《根本說一切有部毗奈耶破僧事》有一段記載：

婆索迦村有一位長者，娶了妻卻沒有生男育女。長者只好祈求諸神保佑，殊不知人人告訴他說：「要有三件事出現才會生育，哪三件事情呢？就是父母要有性欲做愛、母親的經期適當，和中有出現，具備這些緣份才能生育。」後來，據說長者的妻子在別處等一個人死後才懷孕。

佛教產科學主張，世人若要懷孕，也得有幾項條件配合——男女性交，婦女月經，中有（識）顯現等三事和合。在《大寶積經》裡，世尊曾經告訴阿難：「阿難，怎樣才能進入娘胎呢？首先，父母要起愛染心，月經期間要順調，中陰（中有）顯現，沒有其他疾病，俱足業緣，便能進入娘胎了。」

可見要三事和合，還要父母親沒有醫學上的疾患，中有才能進入娘胎裡。

也有佛經裡以「識的顯現」代替「中有」一詞。精血即是指精子與卵子和合，同時等中有進去。如果是男性，要從對母親起愛欲心，如果是女性，也要能對父親起愛欲心。因爲起了愛欲的煩惱，中有進去，靠著一切種子藏（阿賴耶識）

的功能力，各識與肉體顯現才有生命。阿賴耶識的功能力，即是藏在第八識裡那項前世留下的業力。因此，要靠業力才能轉世。另外，佛經把男女的精血，分別叫作白渧與紅渧，也要有紅白兩渧的表現才行。

若依佛教產科學三事和合的原則，那麼，人類的生是有受精卵起作用，俱足本人的阿賴耶識之業，等待時刻發動。

若從佛教產科學的觀點說，不孕的原因有三點：一、產處患病或異常；二、精子與卵子不正常（以上兩點也符合現代西醫的觀點）；三、宿業的過患，父母與中有（識）之間，沒有相互感應的業緣。

例如《大寶積經》上面記載：「父母尊貴又有大福德，而中陰（中有）卑賤，或因中陰尊貴又有大福德，而父母卑賤，或兩者都有福德，卻因缺乏相感之業，這樣也無法受胎。」

總之，如果父母的阿賴耶識裡暗藏三業，不能跟孩子的阿賴耶識裡那項業互相感應，縱使父母沒有醫學上的疾患，也無法懷孕。例如，在具有福德的娘胎裡，若非有福德的孩子，也照樣不能進入胎裡。相反的狀況也一樣。

頻婆舍羅王跟韋提希夫人，正是雙方的宿業裡沒有互相感應的中有生命。因此，不論父母多麼想要孩子，照樣無法懷孕；雖然受孕，也還無法出生。如果享受了本有的生命，原來山裡的那個仙人就會等於將來的阿闍世。

業力與營養會育成胎兒

早在世尊時代，就有不少人工墮胎的情況。

佛法裡，也把墮胎放進殺生戒，如果殺死胎兒，尼姑就得接受波羅夷罪了。這種刑罰相當於一般死刑。

《十誦律》也是佛經之一，其中列舉三項墮胎方式：

一、用藥物法，讓孕婦服用吐劑或瀉藥，藉此令腹腔充血或促進腹壓，便於墮胎。另外，可把特殊藥物放進膣內來墮胎。

二、在血管內打針墮胎，也許要讓她貧血。

三、好像強迫孕婦做粗重的工作，以便墮胎。例如讓孕婦背起笨重行李，或令她走在車前，甚至站在險阻的岸上。

佛經上處處可見世尊很痛心這種不人道的行爲，而努力防止婦女墮胎。如從佛教產科學的觀點來看，墮胎當然是殺人罪。這方面的業報很可怕，世尊也常常教誡世人。

當阿闍世還留在韋提希夫人的胎內時，她就打算打掉這個生命。佛經上雖然沒有詳述她用什麼方法，但很像《十誦律》的記述。

不料，阿闍世反而在娘胎裡很快地成長了。與其說是墮胎失敗，毋寧說這在佛教產科學裡有它更積極的意義。原因是，佛教產科學的立場指出，促進胎兒成長的力量不外兩種——來自母體的營養，其次爲業風的作祟。

第一種母體營養說，也符合現代醫學的主張。《增一阿含經》指出，母親的飲食有助胎兒的受胎與形體成長，補足諸根，才能使胎兒順利出生。

至於第二種業風，就是把業譬喻爲一種風，能使人在三界輪迴，屬於一種業力。意指胎兒靠業的力量成長。

《大寶積經》詳述胎兒從第一個七天起，每隔七天的情況，直到三十八個七天爲止。但再加上最先四週，到產出以前，稱爲「胎內五位」。《俱舍論》和《大智度論》的說法亦然。

如果按照胎內五位的觀點，第一位是歌羅邏（羯邏藍位。第一個七天）。仰賴過去的業力而受身，樣子好似生酪。七天內備妥地大、水大、火大和風大。

第二位是安浮陀（額部曇位。第二個七天）。這段期間的成長，要靠遍滿這種業力。據，胎兒的狀況好似稠酪和凝酥一樣。

第三位是閉手（閉尸位。第三個七天）。這裡作用的業風叫作「藏口」，形狀像藥杵一樣。

第四位是加那（鍵南位。第四個七天）。攝取的業風吹起，據說形狀好似衣衫襤褸的人。

第五位是從般羅奢佉到產下爲止（般羅奢佉位。第五個七天以後）。吹起的業風叫作「攝持」等，從此現出四肢與頭部了。

生產也有一陣業風能夠讓胎兒分娩。《俱舍論》上說：「胎兒逐漸轉增，乃至色根形相都很盈滿，靠那股業吹起的異熟風力，會轉動胎兒傾向產門。」

由業造成的風力，也就是仰賴業的能源，才使胎兒自動朝向產門。

生苦即是出生之苦，屬於四苦之一，它有兩種：一種是經由產道的痛苦；另一種是呱呱墜地，開始感受外氣與熱水之苦。據說人類因爲這樣，才忘掉以往的記憶。

依照佛教產科學來說，直到生下爲止，整個過程的主角是胎兒，尤其是藏在胎兒阿賴耶識裡的那股業力。胎兒自動仰賴業的能源，吸收母體的營養，發育、成長，才能跳到這個世界裡來。

阿闍世誕生到這個世界的原動力，無疑靠自己的業力。但若這股業力不是善業，而含有較強的惡業傾向時，才會產生各種悲劇，就像阿闍世的例子。

揭發人類出生的秘密

一位年輕的命運心理學家孫德曾經說：「俄國的名作家杜斯妥也夫斯基，怎會在《罪與罰》裡描述殺人的情景呢？若非自己有過實際的殺人經驗，怎會描寫得這樣逼眞呢？」

孫德調查過這位作家以前是否殺過人，結果一點兒痕跡也沒有。

之後，孫德的腦海裡閃過一個念頭——杜斯妥也夫斯基的祖先是否有問題呢？

他懷疑這位大作家的生命底下，承受父母的遺傳特質——殺人的潛能，所以才表現出殺人者的心態，以及不得不表現的苦衷嗎？換句話說，他本身就是一個潛在的殺人犯嗎？

一位名叫「特洛亞」的傳記研究者，調查了杜斯妥也夫斯基的家屬以後，發現一件驚人的記錄，原來他有五位祖先是犯罪者和殺人犯。

於是，孫德表示意見，倘若杜斯妥也夫斯基沒有作家的異常天賦，也許就是一個殺人犯了。

由此可見，人類會重複祖先的犯罪命運，這是來自生命底層的一股衝動，無法由理性控制的特質。

那麼，阿闍世身上流著殺人犯的血液，而且，殺人犯原來是父親，被害人是他自己。

他的名字可以譯作「未生怨」。由於他自己屬於被害人，滿身怨念。換句話說，前世的故事大體上如此。

依據《大般涅槃經》及《照明菩薩經》等記述，頻婆舍羅王年老時還沒有兒子繼承王位。只好請教占卜師，對方說某山裡有一位仙人，待他死後，才會投身到夫人的胎裡做太子。

那位仙人的宿業注定要當國王夫婦的太子，但他還活著沒死。國王聽了想要早日生下太子，才斷絕仙人的糧草，再派心腹去殺死他。

結果，夫人馬上懷孕了。

殺人者與被害者，形成父與子的命運，阿闍世的「中有身」在這個世界上甦醒了。

提婆達多爲了拉攏年輕的阿闍世王子，不惜透露他的出生秘密，這一點可以參照《大般涅槃經》。

有一天，提婆達多臉色憔悴、無精打彩地來訪善見太子（阿闍世王子）。阿闍世問他爲何如此呢？提婆達多答道：「外人都在背後罵你。我聽了很難過，因爲我們是好朋友。」

他故意說得很親切，希望親近阿闍世，之後，據實透露王子的出世秘密，同時幫他策劃怎樣殺死父親。

善見太子又問：「國人怎樣辱罵我呢？」

提婆達多說：「國人都罵你爲『未生怨』。」

善見又問他：「爲何叫我『未生怨』？誰取的名號？」

提婆達多說：「你未出生時，所有看相師都預言，這個孩子以後會殺死父親。所以，外人都叫你『未生怨』。但是，宮裡的人爲了護衛你，反而叫你爲

『善見』。韋提希夫人聽了看相師的預言，待你出生時，刻意從高樓上把你丟棄到地面，幸好只折斷你一根手指……，我聽了雖然心生愁悶，但也不敢跟你說。」

阿闍世的生命底層，有一股遺傳自父親的殺人本能，才會潛伏一股對父親的怨念。所以，阿闍世是一個命中注定要殺父親的孩子。

早在母親的胎裡開始，這個幼兒就憎恨父母，甚至整個生命都如此。不消說，這種行爲深深地刻劃在阿闍世的心版上，等於傷透他的心。

他的怨念遇到提婆達多的慫恿，才一觸即發，不可收拾地造成殺父弒母的實際行爲。

至此，總算拉上王舍城的那一幕悲劇了。

第三章　提婆達多的叛逆

貪欲與隨煩惱

提婆達多自始至終都唆使阿闍世去殺害父母，自己也苦苦跟世尊作對。不消說，他是個病人，被心病折磨的人，在他的生命底層有一股煩惱的狂亂，才會迫使他墮入三惡道裡。

佛教心理學對生命活動有各種解說，其中有一項叫作「煩惱」，指邪惡的心理作用。讓人爲非作歹，積極推動三惡業——身、口、意之業就是煩惱，唯識學派認爲煩惱包括貪、瞋、癡、慢、疑和惡見等六大煩惱，其中以貪、瞋、癡等三毒算是根本。另外，還有二十種「隨煩惱」。總之，那是隨從根本煩惱而發生的煩惱。誠如《成唯識論》所說，貪欲會衍生慳與驕等隨煩惱，而貪欲與愚癡會引起誑與諂以及覆等隨煩惱。

據悉惡逆之徒如提婆達多，生命裡可能充滿三毒，才會衍生各種隨煩惱。那麼，依佛教醫學的觀點說，提婆無疑是瘋子一個。

有一次，世尊回到王舍城，暫時在竹林精舍歇腳。

一天，提婆來訪世尊，央求世尊傳授神通力。但是，世尊預見提婆會亂用神通去做壞事而不曾傳授。

「佛預見此人學會神通必去爲非作歹，故不曾教他。只說：你不要學，學會神通道有什麼用呢？應該觀照無常、苦、空和無我才對。」（《十誦律．第三十六》）

用現代術語來說，神通力即超能力。據說證到阿羅漢果時，可得各種神通。例如天眼通、天耳通、他心通、宿命通、神境通、漏盡通等，屬於六神通。但若具有漏盡通時，才會消除煩惱，只有不受制於煩惱的人懂得其他神通力，才不會亂用或藉此作惡。倘若滿懷三毒的人懂得神通力時，後果不堪想像。

當然，世尊很憂心這種事情。不料，提婆怏怏不樂，又轉而央求舍利弗和目連，結果也遭到拒絕了。最後，才由阿難教他（有人說是十力迦葉傳授他）。因爲當時阿難尙未證得阿羅漢果，才無法看穿提婆的心機。

提婆學會神通力以後，心想：「看摩竭陀國裡誰最棒，必須先聽從我，然後再透過他去讓所有人都得對我畢恭畢敬。」

接著暗自尋思：「此國太子阿闍世待父王死後，繼任王位，我必須先降伏他，我若降伏阿闍世太子，就會得到所有人的恭敬服從了。」（《根本說一切有部毗奈耶破僧事．第十三》）

他一想到此，匆匆來訪阿闍世王子，大顯神通，讓阿闍世王子心服口服。他好像運用神通力，變化自如，阿闍世看了湧起顚倒心，五體投地，暗想：「這位提婆達多遠勝過佛的神通無疑。」

這樣一來，提婆達多終於使阿闍世在王舍城附近爲他建造僧房，每天都能從阿闍世手上獲取不少衣食供養。

依據《成唯識論》的解釋，「誑」是爲名利而裝出有德的樣子來詐騙別人。「諂」也是爲名利採用各種方便，矯揉做作，藉此來籠絡別人。以上兩種都屬於貪與癡的一部份。

很明顯地，提婆爲了名利，不惜濫用神通去籠絡阿闍世。難怪在他的生命裡，才會生起誑與諂的隨煩惱。

不消說，提婆的勢力大增，連世尊的門徒也跑來皈依提婆達多。

世尊教訓弟子們說：「只有傻瓜才會念念不忘利養，徒增惡德，殊不知這樣會像利刀讓人的手腳異處一樣，切斷清淨功德的生命……，人爲貪欲而走上滅亡。」（《五分律・第三》）

「笨人是自行做惡，違背正律，這樣會讓自己每天增加邪見。提婆現在得到利養，心生傲慢。」（《根本說一切有部毗奈耶破僧事・第十三》）

世尊看透了提婆心裡的貪欲、愚癡與隨煩惱。

依《成唯識論》所說，「慳」是耽於財產和自作的法裡，暗藏起來不給別人。「驕」是染著自己的名聲與才能，目中無人的表現。以上兩種都出自貪欲。

提婆把阿闍世的供養積壓、暗藏起來，並且陶醉在自身的名望裡，這正是慳與驕的煩惱。從貪欲與愚癡衍生出的隨煩惱，在提婆的生命裡生起，逼得他走上惡行了。

生命充滿敵對心

在貪欲和愚癡衍生出來的隨煩惱裡，還有一項是「覆」。依照《成唯識論》的記載，「覆」是爲了名聞利養，暗藏自己的罪過，致使心裡懊惱和後悔。

提婆達多始終難逃這種「覆」的糾纏。

世尊這樣指責提婆的「覆」：「目連呵，世間有五種老師。一種是自己的戒律不淨，而硬說是清淨；一種是自己的命不清淨，而硬說很清淨；一種是說法不淨，而硬說自己說法清淨；一種是記說不淨，而硬說自己的記說清淨，一種是智見不淨，而硬說自己的智見清淨，藉此來防範弟子。」（《南傳大藏經．律藏四．小品．第七破僧犍度》）

以上五種老師全都適合提婆達多。提婆自知生命與說法等不夠清淨，卻有意掩蓋它。弟子們也明知提婆的生命不清淨，也無意揭穿師父的眞面目。原因是，他們要依靠師父提供衣服和飲食、藥物，也想獲得聲望，才不想讓眞相曝光。這樣一來，師徒都有罪。

提婆達多根本不能壓抑煩惱的衝撞，那是隨附貪與癡的東西。煩惱的病況嚴重，三毒之一——瞋恚發作起來。

在這種情況下，提婆又從畜生界與餓鬼界淪入地獄，飽受苦惱了。這段經過可以參照《根本說一切有部毗奈耶破僧事．第十三》：

據悉提婆得到不少利養，再起貪婪心和顚倒心，暗自尋思：「眼見世尊年老力衰，我要代他統治教國……」

此時，目連知道他起了反叛心，吃驚地跑去竹園精舍稟告世尊。其實，世尊早已心知肚明，查察提婆心懷不軌，要起來反叛了。反而是提婆自己還蒙在鼓裡。

有一天，他率領心腹俱迦利、乾陀漂、迦留羅提舍和三聞達多四人來到竹園精舍。世尊告訴目連：「你看那個沒有智慧的提婆來了，這個無智之徒現在要在我面前自炫，吐露不良的企圖了。」

佛經上記載，提婆一行人跟世尊談判的經過：「提婆來到世尊面前，先向佛腳作禮，再率領四個弟子退在一邊坐下，稟告佛說：『世尊的年紀大了，力氣衰弱，不妨把僧眾讓我來率領，你自己去享受法樂，我可以指揮一切。』佛說：『舍利弗和目連有大智慧和神通，我尚且不敢把教團交給他們指揮，何況像你這樣爲了利養而被人唾棄的笨人，我絕不會把僧眾交給你指揮。』」（《十誦律．第三十六》）

世尊嚴詞拒絕他。

「當時提婆聽到佛說他像笨人、死人，讓他對佛起了極大的瞋恚心，意欲毀滅世尊，只見他兩眉下垂，低頭憂慮，一言不發，思索片刻後即行離去。他的心中特別憎恨世尊在僧眾面前稱讚舍利弗和目連，還侮辱他卑賤無智，此項仇怨非報不可。」（《十誦律・第三十六》）

從此之後，他對世尊憎瞋交加，悶悶不樂。《成唯識論》上說，瞋恚足以苦惱與苦惱爲憎恚，藉此產生不安與惡行，煩惱才會無窮盡。

各種隨煩惱會從瞋恚裡衍生出來。依照《成唯識論》上說，如果處在忿、恨、惱、嫉和害的情況下，瞋恚會愈來愈劇烈。

提婆達多除了貪與癡，還有瞋恚及其隨煩惱在纏著他，才讓他嘗盡地獄的苦楚。這也是他跟世尊作對的下場。

終於破壞僧團

根據《成唯識論》上說，「忿」就是憤恨、痛罵或毆打眼前不利於自己的行動。瞋恚的作用強烈時，會引起隨煩惱。

「恨」會緊隨在忿後出現，痛恨難解時，才會陷入煩惱裡。

忿恨交加才會「惱」，意指恨痛，堅執惡事，不能依理悔改，反而惱亂身心。

「嫉」是熱中自己的名利，而嫉妒別人的成就或名望，也有害賢之意。

「害」是傷的意思，損傷其他有情的生命。

當瞋恚劇烈時，上述的各種隨煩惱——忿、恨、惱、嫉和害等，會連續衍生起來。

且說提婆達多遭到世尊嚴詞拒絕後，瞋恚轉烈，忿恨生起，又不能散發於外，只有恨在心頭，有增無減了。

怨恨不久會變成惱怒和嫉妒，以至完全發作。對象當然是指世尊了，因爲提婆達多看見世尊深受大家的尊敬，也能接受各種供養，艷羡他能以佛的身份高高在上。他很嫉恨世尊，不久，他煽動僧眾起來分裂教團，犯了破和合僧的罪刑。

根據《南傳大藏經．律藏四．小品》上說：

有一次，提婆達多來到俱迦利等弟子們的住處，說道：「朋友呵，看我們要怎樣破壞世尊的僧伽，駁倒他的法論？不妨去央求世尊廢除五件事情，如果他不肯，破壞他的教團便了。」

這五件事情是：

一、比丘終身住在山林，不得走進村子裡。

二、比丘終身行乞，不得接受別人招待的供養。

三、比丘終身穿糞掃衣，不得穿居士衣服。

四、比丘終身坐在樹下，不得進入房裡。

五、比丘終身不吃魚肉，否則有罪。

提婆向世尊央求以上五件事情要廢除，不料，遭到世尊的嚴詞拒絕。其實，這五件事情不是要制訂嚴厲的規律來拘束比丘的行爲，而是要制御煩惱來轉換宿業，難怪世尊不答應提婆的央求。提婆欣喜地離去了。

據說世尊表示：「提婆破壞合僧團的行爲，等於犯了各種罪過，將會陷入地獄一劫之久。」

「提婆在十五日布薩那天，向一群僧眾談到以上五件事，徵求大家的意見：……當時除了阿難及一須陀洹以外，計有剛來出家的五百名比丘不知事情的輕重，以爲他提出的五件事都是正確律法，故都同意提婆的主張。當時適逢舍利弗、目連等諸位大羅漢都不在場，雖然阿難等極力反對也無效。」（《五分律・第

二十五》）

由於提婆獲得五百名新弟子的支持，立即宣告脫離僧伽教團，前往王舍城西南方的伽耶山去了。

舍利弗與目連得到世尊的允許，前往伽耶山，企圖救出那群被提婆帶走的弟子們。有人看見他們離去，不禁嘆息：「難道這兩個人也要去投奔提婆嗎？」世尊說：「他們兩人一定能展現法的威德。」

且說兩人抵達伽耶山時，適逢提婆在滔滔不絕地說法。三聞達多警告提婆說：「不要相信舍利弗和目連，他們不懷好意跑來了。」

不料，提婆卻表示：「朋友，你別這樣說，他們跑來最好。因爲他們明白我的意思才來的。」說完話後，讓出半座來招待舍利弗和目連了。

舍利弗和目連默然不答話。不久，待提婆說完法後，才向舍利弗說：「我現在勞累得很，你來代替我說法便了，我背痛，想休息一會兒。」

於是，他模仿世尊的樣子，把大衣折成四疊，右脇朝下呼呼熟睡了。

此時，目連首先大展神通，接著由舍利弗說法了。五百位新出家弟子才如夢初醒，懊悔自己誤聽提婆的謬論，紛紛隨他們兩人回到世尊的座下了。

只見三聞達多用腳趾踢一下提婆，說道：「舍利弗和目連帶走一群比丘了。」據說提婆大驚地起立，指名痛罵：「兩個壞蛋把我的弟子們帶走了。」氣得一直跺腳，鼻孔出血，活活地墮入地獄裡去。

此時，提婆心裡對世尊起了殺害的念頭。

世尊駁倒耆那教的論點

這時候，世尊與提婆達多的糾紛，似乎傳到外道們的耳朵裡，提婆的反叛似乎成為間接的因緣，才促使無畏王子皈依世尊。

依據《四分律》上說，無畏王子是耆婆的親生父親。他在外道尼乾陀的唆使下，才跟世尊展開一場問答。結果，這次機會反而造成王子信佛的因緣。

根據《南傳大藏經》的《無畏王子經》上所說，有一天，尼乾陀（耆那教）來唆使無畏王子說：「王子呵，你何妨跟沙門喬達摩（世尊）辯論一番？這樣一來，你才會揚名天下。」

王子說：「像我這樣的角色怎敢向大名鼎鼎、威力浩瀚的沙門喬達摩辯論呢？」

於是，尼乾陀向王子獻策：「王子呵，你不妨去找沙門喬達摩，當面問他：『佛有不愛的人，談起別人不愛聽的話嗎？』如果他回答有，就立刻追究向下去：『既然這樣，那佛跟凡夫有什麼區別呢？』如果他說沒有，不妨問他：『那佛爲何把提婆達多打入地獄裡，讓他長期受苦，並曾說話激怒提婆呢？』這樣一來，沙門喬達摩自然難以回答，而王子的聲望會人盡皆知。」

王子禁不住尼乾陀的慫恿，開始準備去跟世尊辯論。

一天，王子招待世尊和佛弟子來，飯後果然開始問答了。

不料，王子的期待落空了，尼乾陀的預料和反駁的指點全都派不上用場。只聽世尊開始活用譬喻來說明了。

世尊問他：「如果有一個孩童在大人不注意時，把一塊木片或小石頭放進口裡，不知你要怎麼處理？」王子答說：「當然要取出來，倘若不能立刻拿出，也得用左手抓住他的頭部，用右手指深入他的口裡，縱使快要流血也得取出來。爲什麼呢？因爲我對那個孩子有一份慈愛心。」（《無畏王子經》）

於是，世尊開口了，縱使如來說出別人不愛聽的話，他的動機也跟你一樣，因此，以下六種情況可以分析：

一、倘若此話不眞實，亦無利益，別人也不愛聽時，如來絕不會講。

二、倘若此話是實情，但無利益，別人也不愛聽時，如來也不會講。

三、如果此話是眞實，也有利益，可惜別人不愛聽時，如來知道何時該講，何時不該講。

四、如果此話不是實情，亦無好處，縱使別人愛聽，如來也絕不會講。

五、此話當眞，但無好處，縱使別人喜歡，如來也不會講。

六、此話屬實，也有利益，別人也愛聽時，如來認爲講話適得其時矣。

原因是，如來都會以慈悲心對待天下蒼生。

無畏王子聽了上列說明，始知世尊的慈悲與智慧非常偉大，遠非尼乾陀之輩所能比擬，之後才毅然皈依世尊了。

再者，王子當時感動之餘，忍不住問世尊：「世尊每次面對問題，都能依不同性質回答，難道是事前準備好的嗎？」

不料，世尊反問他的話也很有趣：「你對車子的常識相當淵博，如果聽到有人問起車子方面的事情，難道你先準備好答案了嗎？」

王子答道：「只要問到車子，不論什麼問題，我無須準備都能立刻答得出來。」

世尊說：「王子呵，情形完全一樣，佛熟知法界的事情，遇到任何人問都能馬上作答。」

後來，無畏王子因爲能夠逃過哥哥阿闍世的迫害，才去出家當比丘。

第四章　親屬關係的衝突

個人的生命根源（阿賴耶識）

在西方社會，眞正開始探索人格的深層狀態，是從十九世紀的佛洛伊德開始的。

今天，深層心理學者大致上把人類的深層心理分爲三個層面：

一、個人的潛意識層面，這是佛洛伊德的發現部份，相當於深海下的冰山，表層的意識部份，卻相當於露出空中的極小部份。這裡潛伏著遺忘和被壓抑的內容。

二、家族的潛意識層面，來自較新的家世。

三、心理學家榮格所謂集體潛意識層面，是從我們古代祖先遺傳下來的巨大精神遺產。

古代祖先即是現在人類的共同祖宗，他們潛伏在我們的生命底下，形成共同的潛意識層面，包括人類各種文化圈的神或惡魔。這種「集體潛意識」一方面包括民族、國家、人類以及動植物的祖先，一方面連接宇宙底邊本身。從宇宙底下湧現，在每個人的心上再生出來。

這樣一來，生命內在的旅程，遠到集體潛意識底下。

至於阿闍世對父母的怨念，形成一種殺害衝動，這股能源儲存在阿賴耶識的層面，換句話說，阿賴耶識裡潛伏著某種「害」的惡業——跟父母爲敵。直到他的青年期，阿闍世自己也沒有注意到這種惡業，因爲它一直埋在阿賴耶識這個生命底下。

阿闍世沒有自覺這個問題，從佛教心理學來說，是理所當然的。

若把佛教心理學放在唯識學派裡，生命主體及其活動可以分成五位，其間，用以下方式探討心的問題：

心即是識，從表層部份逐漸深入，經由五識、六識、七識和八識，既深奧又寬闊。

我們的身體具有五根。五根是眼、耳、鼻、舌和身等五個感覺器官。五根各有對境——色、聲、香、味和觸，其間會出現感覺意識，叫作「五識」。

一旦湧現五識，就有「根」會承受，叫作「意根」。這是第六個根。

意根存在生命裡。意根是以五識的一切感覺爲對境而承受下來的，叫作「法境」。其間有意識出現，這個識屬於第六識。

在《成唯識論》裡，六識即是了別之識，指明了分別對境的活動。

到目前爲止，即是通常所謂意識層的領域，也是在日常生活裡，正在活動那個心的部份。

不過，六識叫「不恆行之識」，因爲它是不常行動的識，才會有生滅和斷續。它在熟睡時間內會斷絕，人死了會跟肉體的崩壞一塊兒消失。

佛教心理學是在第六識的底層探索第七識（末那識），再在其根柢探索第八識（阿賴耶識）。這兩個識絕不會斷滅，從無始以來，就貫穿生死在相續著。所以，它屬於常行的識，才叫作「恆行之識」。

第七個末那識跟第八識同樣在流動，看見阿賴耶識，始終執著於我。這個領域裡會有各種心能作用，那就是煩惱、隨煩惱和善良的心能作用在翻滾。

若跟西方的心理學相比，這個相當於佛洛伊德所謂的「個人潛意識」。

第八項的阿賴耶識，屬於個人生命的根源，隱藏著一切存在的種子，也是輪迴轉世的主體。《成唯識論》上說，那是「一切種」，「頗能執持諸法的種子，不讓它們失去。」

業種子也藏在第八識裡。阿闍世殺害父母的衝動，演變成了惡種子，和心的能源，躲在他的第八識下，才不易顯現出來。

第八識的表層部份裡，有家族的潛意識層，它的底部似乎橫著集體潛意識的深層部份。

阿賴耶識裡，沒有直接表現出祖先的精神遺產，但從無始以來的業裡，卻含有祖先的精神遺產在內。

提婆達多誆騙青年時的阿闍世，觸發他前世的惡業因緣，改變了阿闍世的人生路程。然而，提婆的動機不是針對阿闍世，而是要跟世尊作對，企圖殺害世尊。提婆的瞋恚煩惱，成了劇烈的陷害，這股害人的心機把阿闍世捲入，迫使他跟世尊對立，換句話說，提婆的煩惱，喚醒了阿闍世在第八識下面隱藏的惡業。

提婆揭發「未生怨」的出生秘密，震撼了阿闍世的第八識。

父子間的衝突

《五分律．第三》記載，提婆達多誆騙阿闍世的場面：

為了陷害佛陀，提婆特地唆使太子說：「現在，你的父王用正法治世，依我看，他的王位永遠不會倒，何況人命無常，待你的父王死後，你不一定能夠繼承到王位。這樣一來，你不如早些替代父王，我要害死世尊自成新佛，由新王與新佛來治理這個國家，不好嗎？」

太子答說：「父母的恩惠超過天地，長期養育的恩情無法報答，老師為什麼敢勸我做這種大逆不道的事呢？」

提婆達多聽了也不覺慚愧，仍用巧言引誘，終於使阿闍世步入歧途，聽從他的話了。

可見阿闍世一聽到提婆的話也大吃一驚，不過，還是照樣殺害父王，坐上王位了。

在阿闍世的內心裡，潛伏強烈的權力欲與統治欲，企圖統治整個國家。他眼見頻婆舍羅王的作風很溫和，一直用世尊的正法治國，相當感到不滿意，他甚至夢想自己早日取代父親的地位，征服他國，聚集財寶，進一步擴大摩竭陀國，藉此統一整個印度。

因此，他毅然殺害自己的父親了。

依據佛教心理學的觀點看，權力欲與支配欲等貪婪心所潛伏的領域，正是第七個末那識。

末那識擁有根本性的自我執著，常常被煩惱所污染。《成唯識論》上說，末那識即是思考，以思量爲性相，常常具有四項煩惱——我癡、我見、我慢和我愛。

總之，「末那」的意思是「思索」，但在這個意識裡，常常被煩惱死纏著，意欲保持自我的一種執著心。

從我見與我慢裡，產生某種對權力、財寶和聲望的執著，企圖擴大和強化它。另一方面，想要報答父母恩情的愛心作用，也同樣在末那的領域裡活躍。阿闍世對父母的感謝心，恐怕多少也在抑制權力欲等貪念。

在阿闍世的潛意識裡，有煩惱與善心的作用在劇烈地衝突。

《五分律》上說：「提婆達多聽了也不覺慚愧，仍用巧言引誘。」若依《涅槃經》來說，提婆的巧言就是洩露阿闍世的出生秘密。

原來，前輩子的事情——完全是因爲父王的自私，才殺害一位仙人，而那位仙人就是阿闍世自己。頻婆舍羅王以前爲了保持自身的權力，才急著想要兒子，那也是父王的末那識活動。

纏住「末那」的煩惱，產生了我見，才變成我慢和我愛，終於去殺害那位善良的仙人。從這個事件裡，也看出末那這股強烈的利己主義。

現在，阿闍世那顆對待父母的善心，又從他的心底復活了，雖然提婆的花言巧語曾經攻入阿闍世的阿賴耶識，觸發他的惡業，但幸好那顆善心抑制了阿闍世在末那識的權力欲念。事實上，那兩位長期扶養自己長大的父親和母親，正是殺人犯，阿闍世強烈地感受到父母那種醜陋的自私。

阿闍世在提婆的慫恿下，採取行動了。

依照《五分律．第三》所說，某日，太子暗藏利劍走進王宮，那顆叛逆心讓他全身顫抖，終於不支倒地了。

守衛看見太子的態度有異，乃向太子打聽緣故。太子坦述：「聽了提婆的話，想來殺害父王。」群臣聽到守衛的報告，吃驚地去稟告國王，也聽從國王的吩咐。

至於他們父子的對話，《南傳大藏經．律藏四．小品》也有記載：

「王子，你爲什麼要殺我呢？」

「大王，我想得到王位。」

「王子，你若要王位的話，我就讓給你好了。」據說父王果然把王位讓給阿闍世了。

頻婆舍羅王到底從兒子身上看出了什麼？

幽禁頻婆舍羅王

父王從兒子身上看見宿業發出來的叛逆心，也看到這顆心變成各種煩惱的瘋狂模樣。

現在，阿闍世的自私正在主張自己的利益，打算犧牲父王的生命也在所不惜。末那識驅使「我見」等四種煩惱，推動了「無明惑」——各種煩惱的根源。

自私一旦跟無明結合起來，就會破壞一切生靈。爲了追求欲望，甚至連培育自己的生存基礎也會被毀掉，那是一股反叛心，邪惡到極點。

頻婆舍羅王不是從兒子身上看見當年自己那副德行嗎?自己過去的行爲成就惡業，徹底地傳給兒子，眼前正在困擾阿闍世的心神。

那麼，父王是否在強烈的懊悔下，受到懺悔的指責，才把王位轉讓給王子呢?親情也許稍微能夠治癒兒子的困擾才對呀?

關於這一點，佛經上也有描述：

「開始登上王位，享受五欲的快樂，殺逆心雖然暫告平息，短期間可以無事，尚不殺害父王的性命。」(《五分律．第三》)

「阿闍世聽完父王的話，心裡甚喜，暫時忍耐，而敕命大臣逮捕父王到牢裡去。」(《十誦律．第三十六》)

總之，阿闍世得到王位，耽於五欲快樂了。換句話說，來自貪欲的娛樂，照樣不曾治癒阿闍世的心。叛逆心一直在生命底層蠢動著。他不理會父王的央求，在無明的慫恿下，竟然把父王幽禁起來了。

《佛說未生冤經》提到國王在牢裡跟夫人的談話：

韋提希夫人洗完澡、清淨身體，將蜜汁混合炒麵粉擦在身上，去跟父王見面。父王面黃肌瘦，聲音很微弱。

夫人說：「世尊說得不錯，榮華富貴是無常的，罪報的苦頭終於嘗到了。」

國王吃完了擦在夫人身上的麵粉蜜，又喝下夫人暗藏在瓔珞裡的葡萄漿水，之後，雙掌合十，面向世尊居住的耆闍崛山，說道：「世尊說得沒錯，世上的榮華富貴彷彿夢幻一場。」

同時，他又向夫人吐露：「我做國王時，有權有勢，土地遼闊，華衣美食，今天被捕下獄，快要餓死了。兒子聽了惡師的唆使才來背叛我，我不怕死，只有一個遺憾，就是不能當面接受世尊的教化，也不能跟目連、大迦葉等幾位大德互相交談。」

頻婆舍羅王已經覺悟自己難逃一死，那是自己過去的罪業報應，自己似乎沒有怨言，眞正痛心的是阿闍世這個兒子。因爲他拜提婆達多爲師，反叛佛陀，後果會很可怕。

國王唯一的憾事，似乎是無法親自向世尊及佛弟子懺悔昔日的罪行，同時把兒子託付給世尊。知子莫若父，國王明白除了佛陀以外，誰也無法打破兒子心底瘋狂的無明惑，誰也沒有本事讓兒子迷途知返了。

頻婆舍羅王不停地、諄諄地交代夫人說：「我的心地骯髒，該當受到這種苦楚。災禍追人，如影隨身，如響回聲。遇佛難，聽聞佛法也難，而且根據佛教來化導民眾更是難上加難。我現在快死了，你要好好地遵行佛教，這才是防範橫禍的良方。」

夫人領受國王的教誡，泣不成聲了。

根據《觀無量壽經》記載，父王遠遠地遙拜世尊，央求說：「目連是我的好友，世尊呵，請您大發慈悲，教誨我好嗎？」

此時，目連像飛也似地降臨在國王面前。世尊也派富樓那來為國王說法了。光陰迅速，大約經過二十一天左右，國王由於能夠吃到麵粉蜜，又能聽到佛法，終於顏色緩和，充滿歡悅的樣子。

頻婆舍羅王也許聽聞佛弟子說法，才超越了生死的苦惱，讓死的不安與陰影完全消失。

他最後的唯一心願——聽到佛法以後的感恩心，希望迅速地洋溢在整個生命裡。

把阿闍世和夫人的事情，全都委託世尊來解決，只有這樣才能徹底放心，也唯有如此才能讓他超越生死的苦惱。國王領悟的佛法，好像已經開闢一個足以解脫生與死的境界。

耆婆阻止殺母行為

雖然，佛經上沒有記載韋提希夫人積極地殺害仙人，但夫人順從國王的做法，也照樣對兒子造一份罪業。

尤其，她懷孕以後，曾用各種方法想要打胎，放棄兒子的生命。她純粹爲了要維持父王的愛情，雖然眞正的動機在這裡，但她的行爲企圖墮胎，不論基於什麼理由，做母親的人不應該這樣。至少從胎兒期到幼兒期，母親的行爲的確在阿闍世的潛意識層烙下一道暗影了。

一言以蔽之，她愚蠢極了，第七識的「我癡」也許迷惑了夫人的心意。而年輕的阿闍世那股無明惑一旦醞釀，怨念的暴風立刻吹向父王和母親身上了。

當時，阿闍世向守衛說：「父王還活著嗎？」

守衛據實答道：「大王呵，老夫人身上塗麵粉蜜、瓔珞裡暗藏藥汁拿來獻給父王，沙門目連和富樓那從天上落下來給父王說法，禁止不了。」（《觀無量壽

經》）

阿闍世一聽這句話，怒責母親說：「母親跟賊父一道，也等於賊母了。那些沙門是壞蛋，敢用咒術幻惑人，讓惡王多活幾日。」

在這種情況下，阿闍世無疑發瘋了，什麼理性和良心都消失了，連母親都要殺害。

此時，一位大臣名叫「月光」，足智多謀，陪著耆婆向國王阿闍世作禮，說道：「大王呵，我們聽到毗陀論經的記載，這個宇宙一開始，惡王爲了貪圖王位而殺父者，多達一萬八千人，但從來沒有聽說有人會無道殺母親。倘若大王敢殺害母親，一定會侮辱王族。我們不能容忍這種事情，最卑賤的人才會幹這種傷天害理的勾當，絕不能讓這種人住在這裡。」

阿闍世驚慌不已，顫抖地問耆婆：「你不再服從我嗎？」

耆婆毅然答道：「大王，小心，可別殺害母親。」

其實，月光和耆婆也是抱持必死的決心，倘若阿闍世激怒下拔劍殺來，他們也想用身體來防衛韋提希夫人。他們只希望阿闍世別造成弒母的滔天大罪業。

殺害母親等於反叛自己生命的根基。因爲母親生育自己，給予自己生命的本源，弒母無異反叛和破壞它。

阿闍世對待韋提希夫人的行爲，也許直接回報母親過去的惡業。但是，殺害母親那顆心也是反叛母親的心，會自行破壞一切生命的基礎而造成巨大的惡業。

不論什麼理由，縱使萬分怨恨母親的愚癡，一旦破滅自己生命的本源，無異打開無間地獄的大門。當時，阿闍世由於無明惑發作，眼見自己要打開地獄之門，幸賴耆婆冒著生命危險去勸諫，這種做法也是實踐世尊的教誨，標準佛弟子的風範。

耆婆可能後來也阻止了他那股對母親的反叛心，跟仇視佛陀的心勾結起來。耆婆先伺機下手，出言勸阻，才讓他在最後關頭站住了。在阿闍世的內心裡，善良的心意從無明的烏雲中露臉，總算開始恢復一點人性與良知。

《觀無量壽經》記載：「國王聽了懺悔之餘，開始求救。他把劍收起，不再殺母親，但下令把她幽禁在宮裡，不讓她出去。」

韋提希的回憶打破幻影

阿闍世的心版上，被三個黑影籠罩著。第一個是強烈的自私，這道影子一面籠罩末那識，一面潛入第八識阿賴耶識裡。

第二個是煩惱和愛欲的影子，比第一個末那的黑影更有影像。這道影子會貫穿第八識，到達生命底下。

第三個的影子覆蓋著九識——生命的本體。這道陰影通過八識，反而潛入七識以下。被吸收到第一、第二和第三個黑影裡，形成一體了。

第一個黑影是怨念父王。強烈的末那識主張，逼迫權力欲、名望欲和支配欲等貪念。自己反叛、犧牲父王也在所不惜的自我，跟殺害父王那項無明惑勾結起來。

第二個黑影是憎恨韋提希夫人。這種憎恨引發無明惑，其危險性好不容易被耆婆擋住，才使影像淡薄下來了。

第三個黑影是根本的無明惑，由於提婆達多介入，才使他對世尊懷有敵對心。結果，表示他在反叛自己的佛性或九識心上。

第一個黑影開始活躍起來了。

關於此事，不妨參閱《根本說一切有部毗奈耶破僧事・第十七》：

韋提希夫人再也不能去探訪丈夫了，父王也因此沒有食物了。

幸好父王可以從牢獄向窗裡遙望靈鷲山，膜拜綠蔭下經行的世尊。因爲他能遠遠看見佛，才會心生歡喜，基於這一點善根，才能延續這條性命。

阿闍世問守衛：「父王還活著嗎？」

守衛答道：「因爲膜拜世尊得到福力，父王才能活著。」

阿闍世一聽，更怨恨父王，也把怨恨轉向世尊了。阿闍世乾脆關掉牢獄的窗戶，又削去父王的腳掌，不讓他站起來。由於阿闍世砍斷父王跟佛的聯繫，對父王更加怒不可遏，同時也想反叛佛陀。

此時，偶發了一件事情：

依據《十誦律．第三十六》上說，阿闍世生下一個兒子叫「優陀耶」，因爲手指患瘡疾，叫苦不迭。一天，阿闍世把兒子抱在懷裡，用手撫摸，又用嘴巴將兒子的瘡膿吸出來。王子哭泣不停，阿闍世將口裡的瘡膿吐在地上了。王子看了哭叫得更兇。

由此可見，阿闍世流露爲人父親的本能之愛，竟肯用嘴巴吸出兒子的臭膿，這樣總算是有一點人性的父親。韋提希夫人在旁邊看了不禁搖頭嘆息。阿闍世好生奇怪，問母親是什麼原因？

母親說：「大王啊！你小的時候也一樣患這種瘡疾。父王跟你對待兒子一樣，用口吸出你的瘡膿與髒血。但是，他還把那塊膿血吞下肚裡，不曾吐到地上。因爲他心想把膿血吐到地上，你看了會心亂，哭個不停。」

阿闍世向母親說：「父王這樣疼愛我嗎？」母親答說：「父王一直疼愛你，就像你對待兒子一般。」

阿闍世聽了才停止瞋恨，爲什麼呢？從母親的回憶中，阿闍世似乎看到了眞正的父親。

引發阿闍世那股殺害怨念的父親，跟眼前阿闍世自己一樣，就是那位爲了保有權力而去殺害仙人的父親。然而，這樣的父親不存在了，那只是阿闍世的末那識受到提婆達多的誑騙，所造成的幻影罷了。

母親的回憶完全打破了提婆達多的咒術。阿闍世終於明白爲人父親的心境，於是，他立刻吩咐臣子到牢裡。

不料，父王聽到遠處傳來急亂的腳步聲，暗忖：「恐怕又要來加重我的刑罰了。」他一想到此，暈倒在床上死去了。阿闍世從此再也沒有機會看見自己的父親了。

第五章　提婆達多步入地獄

提婆造下無間業

提婆達多內心裡醞釀殺害世尊的念頭。貪欲喚起瞋恚與愚癡，而瞋恚劇烈之下也伴隨某種害人的隨煩惱了。

對方是佛陀。所以，這種陷害心是提婆的無明惑，它不得不結合原來的無明。化育萬物的根本生命——那是牴觸「中道法性」那項根本惑的徵兆。

根本無明，孕育某種陷害，以第六天魔王活動的方式顯現出來。

提婆達多化身魔奴，瀰漫在宇宙裡，喝了魔酒似地，完全失去正常判斷力和理性，只知要殺害佛陀。末那識完全陷入魔性裡，只知一心一意要反叛佛陀。邪見與邪智在操縱提婆的生命，使得他完全像瘋子。

瘋子不會自覺，喝了魔酒，也不知自己醉了。提婆跟佛作對，企圖殺害佛的心，不料成了根本無明的奴隸，或魔王的化身，頭朝下墜入地獄裡。瘋子墜入無間地獄的台階——始自下面的緣故。

提婆達多在阿闍世的邀請下跑來挑選士兵。

《四分律．第四》記載：

他先命令兩個人：「你們去殺佛，殺完後從這條路回來。」

接著，他命令四個士兵：「你們若看見兩個人從這條路來，就殺掉他們，但要改從那條路回來。」這樣一直增加到八個人、十六個人、三十二個人，最後，才命令六十四個人去殺死先前的三十二個人。他這樣安排的目的，想讓人看不出誰在陷害世尊？

不料，這計劃在緊要關頭作廢了。那時，正好世尊踏出靈鷲山的石洞來。那兩個士兵聽從提婆的秘令，披上鐵甲，手持刀杖去找世尊，心裡念著：「我們要去害佛了。」但他們遠遠地看到世尊的容貌，好像諸根堅固的龍象，心地清澄如水。

兩人陶醉在隨喜的念頭裡，立刻把刀杖丟在一邊，繼續走到世尊前面，叩頭作禮，坐在一邊。

世尊向他們說明各種法義，兩人調伏自身的煩惱，睜開了法眼，之後才皈依世尊。

當時，世尊告訴他們：「你們若要回去，可不能從原路回家，要改從另一條路回去。」結果，提婆派來的刺客都皈依世尊，讓他的計謀成了泡影。

那兩人回到提婆面前報告：「世尊的神威浩瀚，我們始終害不到他。」

提婆大怒斥責：「你們怎麼一個人也沒殺死？」於是，他親自要去殺害世尊。

提婆趁著瞋意，親自前去耆闍崛山（靈鷲山），手上撿起一塊大石頭，遠遠地丟向世尊了。

正在此時，上天接起石頭放在山頂，但是，碎片反彈出來傷到世尊的腳趾，皮肉裂開，血流滿地。世尊好像巨龍一樣站在山上告訴提婆：「你做了前所未有的事情。」（《四分律．第四》）

依照《南傳大藏經．律藏四．小品》上說，當時的世尊這樣表示：

「傻瓜，你闖大禍啦，你的惡心和壞心讓如來流出血來。」

當時，世尊回顧一群比丘說：「諸位比丘呵，提婆達多在這兒造了無間業，惡心和壞心讓如來流血。」

據說片刻後，世尊回到山洞裡，自己把大衣折成三疊，右脇朝下臥在床上，極力忍痛。

此次事件叫「出佛身血」，幾乎危及世尊的生命，是造成提婆達多墮入無間地獄的惡業之一。

以慈心包容醉象

諸位比丘聽說提婆要來殺世尊，紛紛手持杖棍和石頭，圍繞在石窟旁邊叫喊：「我們要保護世尊。」

佛陀從石洞裡出來吩咐眾比丘：「你們別像漁夫捕魚那樣大呼小叫。」接著，勸阻他們說：「你們都回原處去專心修道吧！諸佛的常法不必覆護，諸佛已經贏了諸怨……，縱使眾惡要來陷害，也不可能要走如來的命。」

後來，世尊的傷口未癒，也特地把耆婆叫來治癒。

世尊說得沒錯：「佛是會贏怨的。」絕對正確無疑。

不管任何怨敵，變成第六天的魔王眷屬到來，也奪不走佛陀的性命。

「法性」與「無明」之戰，佛與魔的劇烈搏鬥，正在世尊和提婆之間如火如茶地展開。

提婆看到沒有把世尊殺死，又開始動用邪智了。接著，他要借用阿闍世的力量了。

原來，阿闍世飼養了一頭大兇象，名叫「那拉基利」。這隻惡象生性狂暴，在幾次戰爭中殺死過不少敵人。

提婆向阿闍世借來這頭兇象，企圖用來殺害世尊。這件事情在《五分律》上記載很清楚。

提婆來到馴象師的地方，暗中拜託他說：「明天世尊如果在這條路上走過，希望你讓那頭兇象喝醉酒，放牠狂奔，世尊不注意也許躲避不及，如能把世尊殺死，我自有重賞。」

另在《增一阿含經·第四十七》記載，在提婆的唆使下，阿闍世王親自把那頭兇象灌酒醉了。

次日清晨，世尊披法衣、提鐵缽，率領五百名弟子進城，馴象師遠遠望見世尊來了，立刻放出兇象。

一群信受佛法的人，跑來稟告世尊醉象奔馳的狀況，並且央求世尊：「希望世尊改從別條路走吧。」五百弟子和阿難也同樣忠告世尊。

世尊三次回答都一樣：「何苦這樣呢？象不會害我的。」

據說有一群弟子不禁捨棄世尊，逃到別條路去了，只有阿難一個人跟隨在世尊後面。

當時許多人來觀望，議論紛紛：「現在有兩條龍要格鬥，不知哪邊會勝利？仔細看啊！」

《五分律．第三》記載：

外道們表示：「象龍的力氣大，必能打敗人。」

佛弟子說：「人龍的道力深厚，必會降伏兇象。」

空論無憑，甚至有人出錢來打賭。

且說醉象遠遠看見世尊，忽然奮耳鳴鼻，大步衝出，阿難見了忍不住躲到世尊的腋下來。

世尊斥喝阿難一陣，之後，進入慈心三昧裡，用慈悲心撫摸了醉象。只聽世尊說道：「你不能害殺佛，如果殺害佛，會墜入惡道裡，因為佛出世不容易哩。」

醉象聽了偈語，用鼻子撲地，抱緊世尊的腳，須臾間上下三次，抬頭望著佛，右邊繞走三遍才離去。

可見世尊的慈悲力量調伏了惡象，打破牠的惡心，使牠成為一隻善象了。佛的慈愛普及天下蒼生，不論對方存有什麼怨念、殺害心或修羅心腸，都能用慈悲的能力徹底感化對方。

在旁觀看的人，都忍不住讚嘆佛陀：「瞿曇這位沙門不用刀杖，也能降伏這頭惡象，全國百姓以後再也不必恐懼牠，實在大快人心。」

此後，大家都指責提婆，減少對他的供養，反而更崇敬世尊，也增加供養。這樣一來，提婆的門下也加入世尊的行列進城行乞了。

提婆殺比丘尼

當時，提婆怏怏不樂，臉上無光，向阿闍世說明世尊調伏惡象的經過。阿闍世說：「世尊必然有威德，才連惡象也害不了他。」

提婆說：「世尊通曉幻惑的咒術，常常靠它降伏外道，用來幻惑畜生，又有何難事？」說話間，他心裡尋思：「我看阿闍世的樣子，恐怕要開始懊悔了。」提婆憂鬱地走出城去。（《增一阿含經．第四十七》）

情況顯然不出提婆的預料，從此以後，阿闍世開始捨棄提婆而傾向世尊。

阿闍世心中潛伏的黑影，好不容易稀薄下來。以末那識爲中心，伸長到第八識那股對父王的怨恨，現在變成愛慕的念頭了。同時，對母親的憎恨也消失了。昔日提婆花言巧語向他編造不少世尊的壞話，才使他對世尊產生敵對和不信，這種心態從生命底下籠罩著八識，再深入七識以下。現在，這道黑影反而加深對提婆的失望，對世尊卻逐漸開朗了。

世尊給未生怨王說了各種法義，這樣才撥開阿闍世那股無明的黑暗。從此以後，阿闍世發誓要皈依世尊了。他宣佈：「我從現在起要皈依世尊做佛的弟子了。你們從今以後要把世尊和佛弟子們接進王宮，但別讓提婆和他的門徒進門。」（《根本說一切有部毗奈耶破僧事．第十》）

提婆達多失去眾人的供養，也被許多弟子拋棄，但他自己不太知曉，還以爲阿闍世的心態跟昔日差不多，有一天，他想要進宮來。守衛依照國王的吩咐，毅然不讓提婆達多進入王宮。

提婆問他們：「爲什麼？」

「阿闍世王說要皈依世尊了。」他聽了大怒，站在門外。

這時，剛巧一位蓮華色比丘尼走來碰到提婆了。

《根本說一切有部毗奈耶破僧事．第十》記載：

當蓮華色比丘尼從王宮行乞完畢出來時，提婆心想：「這個禿頭女尼離間我和阿闍世的關係，才使我進不了王宮。」

他一想到此，一面破口大罵比丘尼說：「我跟你何怨，竟讓我進不了王宮？」一面伸出拳頭猛打她的頭部。

比丘尼被打得苦苦求饒，大喊冤枉，提婆達多哪裡聽得進去，終於打破她的頭顱了。

這是提婆達多瘋狂的樣子，看來像妖魔一般，失去正常人的判斷力。他之所以失去阿闍世和眾人的信賴，全是自造的惡業，苦苦要跟佛作對，才會遭到被人拋棄的下場，跟蓮華色比丘尼完全扯不上關係。在他錯亂的頭腦裡，也許看見自掘墳墓的狀況了。

這位長相端莊美貌的女尼，成了提婆的犧牲品，須臾間死於非命。

回頭再說蓮華色比丘尼被打得頭破血流，仍然滿懷勇猛之心，蹣跚地走回來廟裡。一群比丘尼同修紛紛走來問她：「大姊啊，你怎會遇到這場麻煩呢？」

蓮華色答道：「諸位姊妹呵，人命苦短無常，諸法也是無常。寂靜所在叫涅槃，你們要好好勤修善道才好。那個提婆達多已經造了第三種無間業。現在，是我要入涅槃的時候了。」

依據佛經記載，她一面示現各種神愛，一面進入無餘涅槃界裡。事實上，那是她臨終時一面示現佛法的力量，也一面表現從容死相的象徵。

提婆達多憤怒下打死比丘尼，事後也許忽然清醒了。他自知破壞和合僧伽，讓佛身出血，現在又打死阿羅漢，顯然造下三種無間地獄的惡業了。他目前尚未得到一切智，對於自己造惡業也無能爲力。一定會淪落到無間地獄裡——提婆心亂如麻，非常苦惱。

業火燒身

依據《增一阿含經．第四十七》所說，當時的提婆達多憂鬱成疾，但經文上沒有明白說出什麼病。後來，他來拜訪世尊，還要弟子們扶持，可見他的身心很衰弱了。

三無間業會令人身心俱疲，不止心神妄狂，連身體也會受到嚴重的影響。

那是會致人於死的大病，煩惱的惡業纏身。總之，那是屬於業病的身心併發症，雙重襲擊提婆的生命了。自己造的惡業，讓他苦得要命——活的無間地獄。

但若自覺有罪業，肯在苦惱中求助，那還有得救——只要心存懺悔來找世尊就行了。阿闍世的情形正是如此。

也許提婆也沐浴在佛的慈愛裡了。不料，他的苦悶出口竟斷送在一個外道手上了。

依據《根本說一切有部毗奈耶破僧事．第十》所說，提婆正在愁悶時，一個叫作「哺剌拏」的外道前來告訴提婆說：「如果有後世存在，也許你的惡業會讓你受苦。其實，哪有什麼後世呢？那只是編造的話，你聽過誰在地獄受罪嗎？根本沒有那回事。」

他完全否定「業」會讓人輪迴轉世，這是眞正邪見。可惜，提婆被這項邪見套住，又慢慢走上要殺害世尊的路了。

「倘若無所謂後世，那就不必怕今世的惡業了，縱使殺掉世尊也不會有報應。」提婆的心沒有懊悔的意思了。眼前只有一股怨念——非殺佛不可。

世尊聽到這項訊息，回顧弟子們說：「提婆會因此斷絕所有的善根。」

《增一阿含經．第四十七》上說：

提婆達多在十隻手指甲裡暗藏毒藥，吩咐諸弟子：「你們跟我去找那個沙門。」當時，一群弟子跟著他來找世尊了，企圖接近世尊身邊以便下毒手。

阿難遠遠看見提婆率領一群弟子走來，轉向世尊：「提婆一定心裡懊悔，來懺悔以前的罪過。」世尊告訴阿難：「這個壞人恐怕到死也來不了佛的地方，因爲他今天會沒命。」

果然，快要走近世尊身邊的提婆達多，雙腳著地的瞬間就出意外了。

根據佛經上說，提婆被地獄的業火燒身，活活地掉進無間地獄裡了。在最後那一瞬間，提婆心裡才感到懊悔，想要皈依我佛，但只唱到「南無」而已。

但依據《根本說一切有部毗奈耶破僧事．第十》所說，提婆伸出毒爪要抓住世尊的剎那間，反而中毒死了。

因爲提婆達多把巨毒暗藏在十根手指甲裡來訪世尊，心裡尋思：「世尊一定會寬恕我才對，倘若不寬恕我，我就用毒爪去抓他的腳，也能傷害到他。」

殊不知世尊看透提婆的害心，所以縱使提婆央求：「可憐我，也寬恕我吧。」世尊只是默不答話。

這時候，提婆突起瞋心，湧出害意，伸出毒爪要抓住世尊的刹那間，十指全段，巨毒反而滲入身體裡，害得自己叫苦不迭。（《根本說一切有部毗奈耶破僧事》）

另一部佛經，也記載提婆達多生命的最後一段：

在這瞬息間，無間之火燒遍全身，提婆大聲叫嚷：「阿難，我現在被火燒身啦，我的身體被炙啦。」

因爲阿難是提婆的弟弟，才向他猛叫：「提婆，現在還是皈依佛門的時機，你不要再起歹意了。」

提婆遭受業報，叫苦連天，一面口唸：「從今要誠心皈依。」一邊卻落入無間地獄裡了。

不過，後來，世尊大慈大悲，派目連到地獄去查訪受苦的提婆，給予天王如來的授記。（《法華經．提婆達多品》）

第六章　阿闍世與業病

阿闍世的惡瘡

《大般涅槃經》上記載如下：

且說王舍城的阿闍世王，生性惡劣，喜歡殺戮，屢犯口業，貪瞋癡的心意十分熾烈。

他只見到眼前，看不到未來，專門跟壞人結伴，狼狽爲奸，因爲貪戀現世的五欒，所以膽敢加害無辜的父王。

他害死父王之後，心生懊悔，才放掉身上的各項瓔珞，不再有娛樂消遣。由於內心悔恨交加，才會全身長惡瘡。這些惡瘡發出臭味，讓人不敢接近。

他暗自思忖：「我的身體正在受到果報，看樣子下地獄的日子不遠矣。」

他的母親韋提希夫人用各種藥物替他醫治，不料，反而使瘡疤更加惡化，毫無治癒的徵兆。

阿闍世向母親吐露心聲：「這種惡瘡不是因爲四大不協調所產生的身疾，而是來自生命底層的業病，恐怕眾生都不能醫治了。」

大臣們聽說國王身上長瘡病倒，都紛紛來探訪。佛經上說，有六位大臣來探病，並以各種方法來醫治國王的心病，這六個人就是六師外道。

只聽月稱大臣先問說：「大王爲何臉上憔悴、沒有笑容，是身痛還是心痛？」

國王回答說：「我的身心都在痛，我聽過智者透露，我犯五項逆罪要下地獄了。恐怕沒有醫生能救我，因爲我殺害無辜的父王。」

月稱說：「誰說犯了五逆罪會下地獄？誰會說下地獄這回事呢？我師父富樓那說過，世上的惡業沒有報應，善業也不會有報應，無所謂上業、下業這回事。不然去問我師父好了。」

但是，阿闍世沒有動身。

之後，藏德大臣說話，他是末伽黎拘舍利子的門生。

「大王呵，你不必害怕。世上只有兩種法，若依出家法而言，殺死蚊子、螞蟻也有罪，但依王法來說，殺死父親當國王絕不是罪。依照我師父的理念，人身分爲地、水、火、風、苦、樂、壽命等七項，縱使這七項有變化，也造不出什麼東西，更不能毀掉什麼。因此，縱使用刀劍砍他，生命也不算被陷害。」藏德大臣竭力誘勸和安慰國王，阿闍世聽了毫不動容。

第三位大臣是實德，拜珊闍耶毗羅胝子爲師父。

他安慰國王說：「我師父認爲先王如果出家被殺害，當然犯罪，他若因爲治理朝政被殺就沒有罪業了。人在今世的禍福，不算這輩子的業，只是承受過去的業，父王只不過承受自己過去的業，現在既然無因，將來也沒有果報。」阿闍世也無意去參訪他的師父。

接著，悉知義大臣發言了，他的師父是阿耆多翅舍欽婆羅。

「誰也不曾看過地獄或天堂，事實上只有人類與畜生兩道而已。縱使殺人亦無罪，布施也不會有福樂，我師父常常這樣說。」

迦羅鳩馱迦旃延的門徒吉德大臣開腔了：

「是誰提到地獄的事情來誆騙大王？根據家師的觀點，天下蒼生都是自在天造的。只有自在天高興，眾生才會平安，自在天瞋恚，眾生才會苦惱。不論罪與福都是自在天造出來，而人類有什麼罪、福可言呢？」

最後，才輪到無所畏大臣說話：「大王呵，世上哪有什麼殺害的現象存在？雖說殺害等於害命，殊不知命是風氣，因爲風氣之性是陷害不了的。家師尼乾陀若提子，他說世界既無施予，也無善良，更無今世與後世，也無父母與德者，更無修道可言。所有的人經過八萬劫，就能自行解脫。」

縱使六位臣子紛紛勸誘阿闍世，他也不曾去拜訪他們的師父，爲什麼呢？

真正的病根

用今天的觀點來說，六師外道的理論等於一種心理治療法。阿闍世害怕現在的業因，會使他下地獄，人們才想要否定地獄的存在。其他人否定業因業果，有些縱使承認過去的業因，也照樣否定由現在到未來的因果。

有人從「唯物論」觀點否定死後的世界，也提到殺害只是分散人體結構的各種要素而已，而要素本身並無變化。總之，意思是生命乃無法殺害的情況。

又有人主張出家法與王法不同，只行王者之道，並無殺害罪可言。

不論怎麼說，以上的勸慰對於阿闍世的身心苦惱都於事無補，無法安慰他苦惱的身心負荷。

世人由宿業引發的病，不能靠唯物論、否定因果的道德論，或懷疑論來治癒。

在這種情況下，耆婆終於現身了。由《大般涅槃經》可以看出耆婆與阿闍世的交談內容。

耆婆來到王宮問道：「大王不能安眠嗎？」

阿闍世說：「耆婆，我現在病情嚴重……所有良醫、妙藥、咒術和善巧方法都醫不好，爲什麼呢？因爲我的父王是一位法王，用善法治國，無辜被殺害了。我像陸地上的魚，有什麼快樂可言呢？」

實際上，阿闍世的惡瘡是因爲心裡悔恨交加，才使全身長瘡，流出膿血。不消說，那是一種惡性皮膚。病因是細菌引起的癰瘡，全身長出來，可見毒性極強，屬於惡性腫瘡，而阿闍世自身的抵抗力太弱了。

縱使表面屬於膿瘡，它的根是慢性病，不是病原性細菌，很可能是一種癩菌。

有人說是食物中毒。此說暗示性極強，阿闍世內心的煩惱嚴重，才反映出症狀惡化。

不論哪一種情況，若是單純的身體疾病，佛經上也沒有寫明。它藉肉體器官顯露出來，殊不知眞正病根在心底。因此，如果心態不改變，這種惡瘡無藥可醫，沒有病癒的希望。

所以，阿闍世自己也很明白，他才向耆婆吐露肺腑的話，自己的病不可能靠醫生、妙藥、咒法或任何妙方醫好。他也清楚惡瘡的根源。

被阿闍世殺死的那位父王，正是無辜的國王，也是一位法王。他皈依世尊，治理朝政也能善待百姓，阿闍世的心底很仰慕這樣的父王。可惜，當年阿闍世拜提婆爲師父，在無明的黑雲籠罩下，才看不見父王的原來面目。

在阿闍世當時的心裡，那個父親確實是殺害過自己的前身，執著權力欲，這個惡劣印象一直由提婆播種在他的心田。

阿闍世想要殺害的父親，也是在他那股強烈末那的煩惱控制下，極想要殺害的一位眞正父親。

後來，他離開提婆，無明的黑暗之雲逐漸散去，他始知自己殺死的父親，正是不曾殺過人的父親——兒子一想到父親，不禁流下懺悔的淚珠。

母親的情況也一樣。當父親被幽禁時，常去牢裡探望的母親，也不是愚癡的母親。她在佛法與父王的感化之下，深深懊悔過去的罪業，連這樣的一位母親，被無明黑雲蒙住雙眼的兒子都不想放過她。

在世尊的教化下，才成爲眞正的母親——韋提希夫人的改變，顯然在阿闍世患腫瘡叫苦連天的時期。那時候，膿汁流出臭氣難聞，連看病都找不到人，韋提希夫人把眞愛投在兒子身上，捨不得離開他。這種風範正是阿闍世夢寐以求的母愛。

他感受母愛愈深，殺母的懺悔心也愈強烈，當然會導致膿瘡惡化了。

阿闍世向耆婆訴苦：「我以前聽智者說過，如果身、口、意三業不清淨，一定會下地獄，我現在的情況正是如此。怎麼也不能安眠，現在沒有一位大醫生的法藥能夠醫好我的病痛了。」

阿闍世離開提婆達多才會患病受苦，但他也知道六師外道不可能充當良醫。雖然，他陷入自造的惡業裡，六師外道的道理，不僅不是單純的安慰，反而會增強煩惱的火勢，他憑著病人銳利的直觀早已洞悉這一點了。

最後一線希望，只有求教耆婆了。

信與慚、愧為善心之本

按照佛教心理學說，心態作用除了煩惱以外，另一種足以匹敵的勢力，就是善良的心理活動。

在《成唯識論》裡，這方面列舉十一個項目：「信、慚、愧、無貪、無瞋、無癡、勤、輕安、不放逸、行捨、不害。」

在這些善心裡，最根本的有信、慚和愧等心理作用。在這三項善心活躍之際，也正在跟煩惱展開劇烈戰鬥。耆婆看穿了阿闍世的惡瘡底下，存在以上三種善心。只要有信、慚和愧在活動，阿闍世就不會下地獄了。

縱使有這三種善心，惡瘡反而更加惡化，耆婆明白那是跟佛接通的管道。他不能像外道們一樣，挑逗病人的煩惱或否定因果，讓阿闍世萌生的善心被消滅。不過，耆婆也清楚只有仰賴世尊，才會打開從善心通往佛性的管道。

現在，要看耆婆的心理治療法了。

他先開始讚嘆：「善哉！善哉！大王雖曾犯罪，幸好心有悔意，滿懷慚愧。諸佛常說，有兩法能夠解救眾生的苦惱：一法是慚，另一法是愧。慚是不要自造罪業，愧是也不要叫別人犯罪。慚是自覺羞恥，好好反省，愧是將心事吐露給別人，感到愧疚。慚是在人前羞恥，愧是在神前感到難爲情……

「大王呵，請你聽清楚，佛說智者有兩種：一種是諸惡不作，另一種是即使不幸做了也會懺悔。大王雖然造了罪孽，幸好現在會懺悔，起了慚愧心，所以罪業會消滅，而成爲一位智者。若要掩飾罪業，它反而會增大起來，如果坦述出來又有慚愧心，那麼，罪業才會消滅。」

之後，耆婆也竭力說明善心的根本──信仰的問題。

「大王呵，凡是不信因果，也毫無慚愧，或不信業報，不看現在與將來，不肯親近善友者，都叫作『一闡提』。現在好極了，因爲大王肯信因果，也相信業報。因爲大王相信業因業果，苦悶之餘才會患有惡瘡。眼前大王即使身心得病，也絕不是否定因果的一闡提。因爲你沒有聽從外道的歪理，而相信業因業果。大王呵，你不必害怕，佛可以救你，也能醫好你的病痛。」

接著，耆婆勸他說：「如果你相信我的話，就快去參訪如來。」

阿闍世答說：「我一身罪大惡極，奇臭無比，快要下地獄了。倘若我去見如來，恐怕如來會嫌棄，唯恐避之而不及，不想跟我說話。」阿闍世長吁短嘆起來。這時候，阿闍世的生父——已故的頻婆舍羅王發話告慰兒子了。

《大般涅槃經》上說：

此時從虛空傳來一陣聲音：「……佛不久要入涅槃了，如果佛去世，大王的惡業會更重，也無人能醫治你的病痛了，大王，你已經造下極重大的惡業，快墮入阿鼻地獄裡。你必然會因爲這項業緣飽受苦楚……你快去拜訪佛，除了世尊，也沒有其他人能醫治你，我現在憐憫你才來相勸。」

這也許是阿闍世內心那位父親的聲音，從阿闍世的生命——「小宇宙」的虛空裡，向意識世界發出父親的呼喚，父親的慈愛打開阿闍世的心扉。

這個聲音知曉未來，好像未卜先知的夢境一樣，內在虛空的聲音也能夠預測未來。

總之，他預知世尊快要入滅了，倘若佛進入涅槃，那麼，世上再也無人能夠救度自己的愛子。那陣呼喚正是父親的慈愛聲音。

不料，阿闍世聽到虛空的傳聲，非常恐慌，彷佛芭蕉葉般在顫抖不停，他向空中喝道：「你是誰？爲何不現出色相，只聽到聲音呢？」

「我是你的父親頻婆舍羅王。你現在最好聽從耆婆的話，快去向世尊求救。

千萬不能聽從六個臣子的邪見。」父親說。

阿闍世聽到這個聲音後，暈倒在地上了，全身的惡瘡反而更加劇烈，臭穢也逐漸飄動。即使擦藥治療，瘡疤照樣吐出毒氣，毫無減輕的樣子。

佛的光明醫好阿闍世的苦惱

世尊遠遠地看見阿闍世的樣子，回顧迦葉菩薩說：「我要爲阿闍世王延長生命，不能很快入滅。」

迦葉菩薩問道：「爲了芸芸眾生，如來不該入涅槃才對。爲什麼只爲阿闍世一個人才不入滅呢？」

世尊說：「阿闍世聽說我要永遠入滅，不禁暈倒在地上。迦葉菩薩呵，我的意思你還不明白嗎？」

世尊洞悉阿闍世的絕望心情，誠如他的父王所預測，世尊不久要入滅了。這樣一來，他絕對會墮入無間地獄裡，恐怖與絕望迫使阿闍世暈倒，病情也加重，關於這一點，世尊比誰都難受。

那麼，世尊何故要爲阿闍世著想呢？世尊終於坦述出來了。事實上不是爲了阿闍世一個人，而是透過他來教誨芸芸眾生。

「我的目的是爲了所有凡夫，其實，阿闍世一個人造遍一切五逆罪孽，而且目的在一切有爲眾生，我住在世上不是爲了無爲的眾生。」

總之，阿闍世是代表所有違反五逆的人，佛表示自己住在世間，純粹看在六道裡輪迴、受苦受難的眾生份上，接著說明阿闍世這個未生的本義。

《大般涅槃經》上說：

「所謂阿闍，即是不生，世人稱爲『怨』。因爲不生佛性，才會產生煩惱的怨氣；因有煩惱的怨氣，才看不到佛性。因爲不生煩惱，才看得見佛性；因爲看見佛性，才得以安住在大般涅槃裡，這叫『不生』，才會取名『阿闍』。善男子呵，阿闍名叫不生，不生名叫涅槃。世間叫作世法，目的叫作不污。因爲世間的八法清淨，才不入無量無邊阿僧祇劫或涅槃。所以，我才爲了阿闍世而不想進入無量億劫的涅槃。」

總之，阿闍即是「不生」，意指不會產生佛性。因爲沒有佛性，才會產生煩惱的怨恨，這叫作「世」。

阿闍世犯下五逆重罪，原因是佛性被煩惱的怨憎層層蒙住，看不見佛性。所謂佛性，不消說，就是貫穿煩惱與宿業領域那個生命底下——九識心王的眞如之都。因爲「九識心王那顆月亮」，在煩惱與惡業的黑雲籠罩下，無法露光來照耀生命。

由此可見，只要能夠吹散煩惱的黑雲，就能重見佛性的月光。如果佛性的月光輝煌燦爛，才能安住在大般涅槃裡，世尊說這個即是「不生」。

世尊表示因爲阿闍世的緣故才不入涅槃，之所以如此，純粹要開示阿闍世的佛性，爲了引導他進入涅槃。

阿闍世即是不生，但在這種情況下，阿闍可以稱作「不生不滅的涅槃」。所謂世，就是指世俗的八法（也叫八風：利、衰、毀、譽、稱、譏、苦、樂）。其目的是，因爲有八法沒有污染的地方，才在無量無邊的阿僧祇劫這樣漫長的時間裡，不打算進入涅槃。

所以，世尊爲了阿闍世才在無量億劫間不進涅槃，而安住在世上。

阿闍世由於煩惱的怨憎，才見不到佛性，一直爲惡瘡所苦，佛陀的慈悲就是要徹底轉換阿闍世的根本生命，讓他能夠住在不生不滅的絕對境界，也就是涅槃的境界。不久，佛陀的慈悲濕潤了阿闍世的全身上下。這項偉大活動是從佛轉向眾生方面。

佛經上說，大慈大悲的世尊，特地爲阿闍世王進入月愛三昧，進入三昧以後，立刻放出大光明。這道光明清涼淨潔，直接照射在阿闍世王身上。他身上的惡瘡痊癒，苦惱也頓然消失。

「月愛三昧」即是「月光之愛」，好像利用這道光明來消除眾生的苦惱，佛陀如果進入這種三昧，就會以淨光除去眾生的煩惱，所以取名爲月愛三昧。當清淨的世尊放出來的光明，照在阿闍世的全身，惡瘡馬上痊癒，苦惱也被除去了。

阿闍世吃驚地問耆婆：「耆婆呵，這道光從哪兒來？怎麼一照射到我的身體，立刻除去瘡苦，全身都舒服起來呢？」

耆婆說：「這道光明是打從天中天的世尊那裡放出來的。」

阿闍世王說：「爲什麼世尊要放出這道光明呢？」

耆婆說：「大王呵，這個瑞相完全是爲了大王，因爲大王剛才嘆息世上沒有良醫能夠醫癒你的身心，所以，世尊先放出光明來醫治大王的身病，然後再醫心病。」

求道心擊破無明

佛用光明治癒他身上的腫瘡，根據耆婆的話，佛也進一步把他的心病醫好了。

的確，身病很快見效了。不料，阿闍世的心理衝突或葛藤依然存在。殺父弒母的懺悔心非常深刻，慚愧心陣陣在怦動。

阿闍世問耆婆說：「耆婆呵，世尊肯見我嗎？」

耆婆說道：「譬如父母養了七個孩子，其中一個孩子生病時，不表示父母不肯一視同仁，自然會比較關心那個生病的孩子。大王呵，如來也一樣，並非對待眾生有分別心，只是比較關懷罪業特別重的人罷了。」

話雖如此，阿闍世的心裡暗忖：「世尊放出的月愛三昧這道大光明，到底有什麼特別意義呢？」

這道光明撫摸了阿闍世患病的身體，屬於慈愛的光明，出自佛的月愛三昧這種境界。這道光明彷彿撫摸病人的身心，的確是很柔和的光芒。

耆婆舉出各項譬喻來向阿闍世解說清楚。

這道月光，好像能讓所有的青蓮花開了一樣，能讓天下蒼生開啓善心，所以叫月愛三昧。

在暑熱時，好像眾人都很懷念月光柔和的夜晚，好像被月光照耀到時，能夠免除悶熱一樣，它能掃除眾生的貪欲和煩惱等毒熱，故稱爲月愛三昧。

圓月等於群星之王，無異甘露之味，三昧是諸善之王，具有甘露味，能讓天下蒼生愛樂不已，才叫作月愛三昧。

現在，阿闍世終於明白自己病癒的理由了。因爲世尊的三昧之光，讓阿闍世體內萌生出的善心開花和壯大起來。

倘若只是怎樣，慚愧心也許會更刺激腫瘡惡化，事實上，三昧的光明也同時冷卻和軟化煩惱的毒熱了。此時，善惡的心理衝突才算消失殆盡。

另外，阿闍世的末那識在善心籠罩下，得到佛陀慈悲的感化，也逐漸成爲安全感應了。這樣才把日漸惡化的身瘡醫好，等於恢復了與生俱來的天然治癒力。

耆婆心裡清楚得很，惡瘡的消失，得力於佛陀的慈悲，阿闍世的善心若不央求佛陀，這道光明會漸漸薄弱，以致讓他的身心疾病復發。無論如何，心病也要醫好。只要阿闍世肯求佛，就能夠得到力量與智慧，來擊破內在的無明。阿闍世的內在佛性，只要肯跟無明搏鬥，心病自然能夠痊癒。因此，他決定要見世尊，央求佛陀的拯救。

耆婆說：「大王呵，如來看見各種病人，都會施予適當的法藥。縱使病人不肯服藥，如來也不會責備他。」他竭力催促阿闍世去訪問世尊。

此時，世尊面告在場的大眾說：「所有眾生若能成爲近因緣，幫助自己得到阿耨多羅三藐三菩提，那麼，他們都是善友。爲什麼呢？倘若阿闍世王不聽耆婆的忠告，他在下個月七日必定身亡，淪入阿鼻地獄裡。」

世尊心裡也許聯想到提婆達多，因爲不交善友，才會掉進阿鼻地獄裡去。那使善良的耆婆不停地告訴阿闍世王，當初有一個毗琉璃王消滅釋迦族後，企圖搭船入海，結果被火燒死了，提婆達多的弟子——瞿伽離碰到大地裂開，而墮入無間地獄裡去。相反地，須那剎多作惡多端，幸好去求救世尊，才得以消滅許多罪業。阿闍世聽了說道：「耆婆呵，我跟你騎同一隻象去吧。這樣，即使我會掉下地獄，有你阻擋也不會掉下去才對。」

不料，阿闍世的心又開始動搖了。

此時，只聽見世尊向大家宣佈：「阿闍世王的心裡還在猶豫，我要讓他下決心了。」

得到佛性薰陶，終於光芒四射

阿闍世王來到娑羅雙樹間，走近佛陀時，仰望如來的三十二相和八十種好，彷彿一座微妙的金山。此時，世尊發出八種聲音，喊出：「大王。」阿闍世回顧左右，心想：「在這群人裡誰是大王呢？我滿身是罪，又無福德。難道如來還叫我大王嗎？」

不料，如來又叫一聲：「阿闍世大王。」

國王聽了非常歡喜，暗自尋思：「今天聽到如來說話，始知如來果然大慈大悲，憐憫眾生，而且一視同仁。」

於是，他稟告佛說：「世尊，我現在沒有疑心了，如來真正是眾生的無上師尊。」

此時，迦葉菩薩告訴持一切菩薩說：「如來已經讓阿闍世王下定決心了。」

之後，世尊才向阿闍世講解各種教誡，談到諸法、無常、無我和空的道理，阿闍世的心終於完全開朗了。

現在，他已非昔日被世尊的月愛三昧所照射的病人形象，而是信受佛法，自動沐浴在佛性的光輝下，滿面紅光的大王了。

阿闍世內在的佛性，掃除無明的黑雲，把懺悔的淚水轉變成歡喜的表情。

他暗忖，懺悔不是無聊的回憶，眞正的懺悔是，要把見到佛的喜悅改放在自己將來的行爲裡。

這種行爲要能得到佛性的支援，屬於善心方面的色心活動，也必須眞正落實於佛法，符合佛心的活動才行。唯有配合佛心的行爲，才能向亡父和老母懺悔，也才能報答他們的恩情，否則都是沒有意義的。

阿闍世終身追求的「眞正父母」，正是世尊的虔誠弟子。他們因爲信受如來的教誡，才能成爲「眞正父母」。

若能這樣，向父母懺悔的阿闍世，才是眞正的好兒子，成爲繼承父王遺志的賢明君主。阿闍世一面決定接受世尊的教誡，一面想做父王的好兒子，藉此消滅昔日虐待母親和殺父的罪惡感，感謝如來與父母的念頭跟歡喜的心情沸騰起來。

阿闍世打從內心將前世以來的惡劣宿業，永遠地改過自新了。

阿闍世向世尊坦露自己的心情：「世尊，我沒有看過世間有一種叫作伊蘭毒樹的果實，會從伊蘭樹生出伊蘭果，再生出栴檀樹來，但是，我現在才看到伊蘭果生出的栴檀樹。伊蘭果就是我的情形，栴檀樹是我的心，屬於無根的信心。無根是指我起初根本不知恭敬如來。現在才生出信心，所以叫無根心。世尊，倘若我沒有遇到如來，在無量阿僧祇劫期間，非淪落到大地獄裡飽嘗無量的苦楚不可。我現在居然能夠瞻仰如來，憑這項功德，我要下決心打破眾生的各種煩惱和惡心。」

當然，世尊也洞悉和勉勵阿闍世身上湧起的佛性，和九識心王的光輝：「大王呵，好極了，我明白你要破除百姓的煩惱，除去他們的惡心。」

阿闍世又稟告：「只要我能破除眾生的壞心眼，縱然無量劫期間淪落在阿鼻地獄，爲眾生飽受苦楚也絕對不以爲苦，甘之如飴。」

據說許多摩竭陀國的百姓聽到世尊與阿闍世的問答，無不起了阿耨多羅三藐三菩提心。

阿闍世勇氣十足地告訴耆婆：「我捨棄短命而得到長命，捨棄無常身而得常身。現在，大家發起菩提心，係因緣於我的事情。我成了佛陀的弟子。」接著，只聽他作詩偈讚嘆如來：「我要將現在得來的功德，爲天下眾生擊退諸魔。」這是阿闍世弘法的誓言。

後來，阿闍世果然繼續父王的作風，成了名符其實的英明君主。佛陀涅槃以後，他也照樣熱心協助佛教追求佛法，在第一次經典的結集，也是一位熱心的支持者。

第三部

佛教營養學

第一章　長壽與食物

飲食方式的最大發現

保持長壽，增進健康，一直是人類的願望。

只有身心健康、延年益壽才是一切幸福的泉源，而這件事本身也可說是最大的幸福。

但在基本上，人的健康要透過營養——食物——來維持，患病也可以由食物來治療。

佛教醫學也把食物的用法看成藥品一樣，對於病人來說，食物即是藥品，只有對健康人才是食物。有時候，一般食物也能當藥品用。

對於長壽與健康來說，食物無疑是重要的條件。

日本的日蓮大聖人指出：「人類靠食物爲生，食物即是財貨，所謂生命，乃是一切財貨中的最重要財貨。」因爲生命的最高價值在生存，而食物的最大功用就是能夠維持生命。依據佛教醫學記載，食物的功能即是「佛教營養學」。

《南傳大藏經》的《彌蘭王問經》上記載，彌蘭陀王向一位名叫「那先」的比丘，請教佛教問題的一場問答。

經文上說，彌蘭陀王問過那先比丘，關於食物的功能問題。

「那先尊者，涅槃裡包括飲食的五項功德嗎？」

「大王，事實的確這樣。一、食物維持一切有情的壽命；二、增加力氣；三、讓容貌膚色生動活潑；四、平息煩惱；五、除去飢餓和衰弱。大王呵，涅槃在作證時也能消除一切有情的老死，故能維持壽命，增強神通力，使戒子的膚色生動，平息各種煩惱，解除一切苦惱的飢餓與衰弱。大王呵，涅槃含有這些食物的功德。」

涅槃是佛教的終極目標，它具有以上五項功德，而這五德也包容食物的功德。其中，第四和第五兩項具有除掉飢餓、衰弱和憂愁等負面作用，讓身心復原，而第一、第二和第三指食物的正面作用。

至於正面作用，日蓮大聖人也在《食物三德御書》上簡明地記述：「食物有三德，一是保命，二是潤色，三是增加力氣。」食物的功德大體如上述，眞正的關鍵在於我們能不能發現這些功德。

食物用作藥物來培育色心，反之，食物也會變成毒物。能否發揮食物的價值，完全因人而異。

總之，有人吃下去，食物會變成良藥；顯然有益他的身心，而有人彷彿吃下毒物一樣，會失去色心。

許多人不能長壽，中途夭折，原因何在呢？這些原因不妨參閱《九橫經》的記載：

一、把非食物當作食物吃下去。

二、不計食糧，即飲食過量。

三、不按照習慣飲食，例如出國旅行，若不懂他們的飲食習慣，吃下去也不易消化。另外，飲食也要看季節變化。

四、食物不消化，有人雖然嚴重消化不良，也照樣猛吃下去。

五、大小便不定時。

六、違反五戒。

七、親近惡知識。

八、行爲乖僻，違反習俗。

九、不閃避車輛、暴象或酒醉行爲。

其中，前面五項是關於食物的注意事項，也就是說，要先避免這五項，才能延年益壽。

關於非食物的情形，現今特別嚴重，例如有毒的甜味食物，或含有色素以及防腐劑的食品公害。

關於食品的份量，就是防止暴飲暴食，或吃太飽。俗語說「病從口入」，切記切記。

有些食物適應地方與季節，就是人類的天然食物。爲了順應風土氣候，不妨常吃那個地區成長的食物。

有人不習慣細嚼食物，飲食不按時間，兩者都違反飲食的基礎。

爲了健康，排泄也要正常，這些都要小心謹愼。

切勿貪吃，佛教營養學的原則是，要把食物當藥品吃，充份發覺食物的德性。

四食說——飲食歡喜能增強生命力

《俱舍論》也提到食物，例子如下：

例一：且說一位父親在饑饉時期，有意流浪他鄉，可惜，他已經餓得沒有力氣了。

當時，他還有兩個幼子在家，他本想一起帶走，奈何力不從心。

於是，他把灰塵裝在一個布袋，掛在牆壁上，告訴兩個兒子說：「袋子裡有麵粉。」

兩個孩子滿懷希望，總算又多活幾天。不料，一個人打開袋子一瞧，裡面全是灰塵，什麼麵粉也沒有，兩個孩子看了當場絕望死去。

例二：一個商人不幸在海上遇難，船破了，把食物等全部沈下海底了。

幸好他看見遠處有積沫，以爲是海岸，抱著希望上岸才活下去。

不料，他游近一看，始知不是海岸，立刻絕望死去。

例三：海裡有數不盡的生物，其中，龜和鱉很特殊，牠們會游上岸去生卵，然後埋在細沙裡，再回到海裡。

據說如果母親心裡一直掛念卵的事，卵才不會壞，母親若根本不想到自己的卵，卵會很快腐爛掉。

類似上述的話題，現代人也屢有所聞。

例如法朗克爾代在《夜與霧》一書裡，感慨地敘述當年被關在納粹集中營裡，能夠苟延殘喘地活著出來，並非得力於身體健康，而是自己一味相信未來，一直對生命滿懷希望使然。

據說，對未來毫無信心的人，無異自己內部已經崩潰，生機死亡。

卡布拉洛斯在《死亡瞬間》一書裡，表示自己訪問過許多患絕症的人，把他們斷氣以前的過程分爲五段。

他們一聽到是不治之症，首先在心裡造成強烈的震撼。接著，會經過否認、憤怒、拖拉、壓抑等過程，最後才接受事實。不過，病人到最後那一瞬間，仍然抱著希望。一旦說出絕望的話，必然會在二十四小時內死亡。

可見，養育人的色心、支撐壽命的東西，不僅是物質性食物而已。

佛教營養學成立的「四食說」，內容是：

《俱舍論》上說：「飲食有四種：一是段食，二是觸食，三是思食，四是識食。」前面的例子，應該屬於思食。

各部經典的解說，雖然意思不同，但在大乘佛經裡，可以《成唯識論》、《瑜伽論》等記載為代表。

一、段食：《成唯識論》上說，它「以變壞為相」。

段食是指物質性食物，食物從口入，雖然感受色香味美，此時還叫作觸食。（《瑜伽論》）直到胃裡消化，再被腸子吸收，才能成為段食。

顧名思義，段食是逐段攝取，分解和吸收來培養身體。營養成份是指攝益各識，讓它強化，藉此養育諸根。（《瑜伽論》）

一旦食物被分解出來，就會發揮它的德性，縱使吞下肚裡，若不能吸收，實在稱不上食物。

段食是先培養和強化各識——心的活動，接著才培養肉體。不單要增加物質性力量。

二、觸食：依據《成唯識論》上說，它「以觸境為相」。

觸食是為了喜樂才吃東西，所以，它會好好培育諸根。（《瑜伽論》）

歡喜或愉快的東西，才是培養人類色心與活力的泉源。所以，在飲食的時候，也要在快樂的氣氛下，懷著感激心，好好品嘗和咀嚼口裡的食物。而且，人要過得很歡喜，以觸食來養育身心。

此時所活動的識，特別以第六識來稱呼。

三、思食：依照《成唯識論》上說，它「以希望爲相」。對可愛的環境懷著某種希望。因爲在各種境況下，表示專注和希望，才能好好滋養諸根。（《瑜伽論》）

希望是長期滋養身體、延年益壽的力量，希望的心情一直以第六意識爲主。

四、識食：依據《成唯識論》上說，它「以執著爲相」。識食的識屬於第八識，識食是八識執持和增長段、觸、思的力量。換句話說，八識是增強生命力的活動。

若要增強八識的生命力，則得依靠物質要素——段食、心理活動——觸食與思食。反之，八識的識食，旨在增強前面三食。

另有一種更高的四食說——《法華經》有一句話：「其國眾生，常以二食。一爲法喜食，二爲禪悅食。」（《妙法蓮華經》），建立妙樂爲四食。

一、段食：物質要素。

二、法食：聞法滋養生命。
三、喜食：靠聞法的歡喜來滋養生命。
四、禪悅食：入禪定滋養生命。

聽聞佛法很歡喜又肯實踐的境界，可以滋養人類的身心，增強生命力。食物不單指物質要素而已。人類的食物也包括歡喜、希望、聞法的歡悅，和修行的高深境界。

世尊的飲食生活——戒貪飲與美食

《雜阿含經》有一段舍利弗的答話，取名《淨口經》。

某年，世尊跟舍利弗等弟子住在竹林精舍，有一天，清晨起來，舍利弗披著袈裟，手持鐵缽，進入王舍城去行乞。乞食完畢，他坐在一棵樹下吃飯。

剛巧看到一個淨口外道派的尼僧走來，向舍利弗說：「舍利弗呵，你在吃飯時臉朝下，或向四方，還是向上吃呢？」

舍利弗都說不是。對方又問：「那麼，你到底朝哪個方向吃呢？」

舍利弗回答道：「姊妹呵，口朝下吃飯，無異依靠事明——婆羅門的低級知識——謀生，這是仰賴不正當手段得來的食物。仰天等於觀察星曆，靠這種方法生活才要看天吃飯。飲食向四方時，等於向人求事，做不正常的作業生活，才有飯吃。朝四方吃飯的人，等於依靠占卜吉凶與福禍來謀生。這些都是墮入邪命的飲食。我只靠法來求食物，這樣自謀生路而已。」

尼僧聽了很歡喜地說：「沙門釋子靠淨命自謀生路。凡肯布施給他們的人，無異布施佛的沙門，等於造福一樣。」一個外道聽了，嫉妒之餘，竟把尼僧殺死了。

可見世尊與弟子們的飲食，純粹爲了清淨生命。依靠正法活命的食物，不會墮入外道的邪命裡。

三衣一缽的生活，正是世尊這個教團的象徵。世尊與佛弟子每天早上到村落或市區行乞；只要足夠一天的糧食，就在精舍或樹下飲食了。

行乞的沙門生活，是爲了讓眾生都有機會種福田。打破貪欲心、滋養善心與法心，才是乞食的目的。

那麼，世尊等人到底吃些什麼食物呢？食物也等於藥物，通常分成以下幾項：

一、時藥（時食）：這種食物按照僧侶的飲食時間來決定，也是從黎明到正午之間所吃的東西。

根據《十誦律》上說，時藥是指五種佉陀尼食、五種蒲闍尼食，和五種似食。

五種佉陀尼食，包括根食、葉食、莖食、磨食和果食。佉陀尼食是指用牙齒嚼碎的堅硬食物。根食有蘿蔔、蕪菁、芋頭、蓮藕等。葉食和莖食是指蘿蔔等的葉與莖。磨食是粉食物，指稻米、大麥、小麥等。果食是包括柿子、葡萄、栗和桃等水果。五種蒲闍尼食有飯、麵等，即柔軟性食物。

穀物包括十七種，計有米、麥、大豆、小豆、碗豆、粟、黍等。這些可以做飯或做麵吃。麵用米或麥粉來蒸，用火熬成粉末；據說世尊成道後，最先吃的食物是麵粉與酪蜜丸（《本行集經》）。糒是把麥、米、粟等製成的乾飯。

二、時分藥（夜分藥）：從下午開始到夜晚十時左右的飲料，包括各種漿類。這些就是葡萄汁等果汁和穀汁。

三、七日藥：依據《摩訶僧祇律》上說，這是一種酥、油、蜜、石蜜、脂、生酥的調味品，可以儲藏七天的食物。

四、盡形壽藥：可以儲存一輩子的食物，也叫作「終身藥」，例如訶梨勒（生長在印度的灌木果實，大小像棗子，當作藥品用）、胡椒、鹽等。

世尊勉勵弟子一天吃一次，不許貪圖美味美食。吃肉也只許吃三種淨肉，如同小乘派的規定，但在大乘佛經《楞伽經》、《涅槃經》裡，站在慈悲的立場，則全面禁止吃肉了。所謂三種淨肉，就是指：一、不為我殺，而且不見牠被殺害；二、不為我殺，而且不聞被殺害的聲音；三、不疑殺，知道這裡有屠宰家庭，或有自己死亡的生物，這樣可以避免不是為我而被人殺害的嫌疑。

另外也不許喝酒，但可以服用藥酒。

但只要是為了病人，世尊不惜打破一切戒律，例如允許喝酒和肉食，也不禁止喝生血。目的是專心醫治病人，可暫時廢止一切戒律，吸取各種營養。

其實，世尊要求弟子們遵守戒律，旨在防止貪欲和美食，怕人禁不住窮困與欠缺，忘了磨練精神，謹慎自己不要墮落。因為這些都會妨害佛道的修持。

為了修行，也唯有世尊才會把食物的德性，活用到最高的程度。

第二章　佛教的營養觀

穀物的營養價值

日蓮大聖人時代，信徒們到底供養什麼食物呢？在那些食物裡，佛經記載屢見不鮮，在世尊時代也是常吃的。換句話說，我們要從營養學的觀點，來分析那些食物的價值，因爲那些食物養育過世尊及一群佛弟子的生命，增強他們的修行，也支撐過日本日蓮大聖人的性命。

先說鎌倉時代的主食，除了米以外，麥類包括大麥、小麥、蕎麥和穬麥。粟類有粟、丹黍、秬黍等（《倭名類聚鈔》）。這些雜糧穀物也是民間的一般食物。

信徒們供養日蓮大聖人的主要食品有米、麥、餅和粟等。

米有白米、生米和糙米。麥有精白的小麥，另有粟，以及米的加工品餅與糕。

米與麥是當時的主食，不妨從營養學的觀點來分析：

糙米：當時所謂精白米，可能等於現在的半白半糙的粗米，仍然含有胚芽。因為當時沒有精密機械使糙米變成潔白的米。所以，糙米的價值不能等閒視之。

稻子是十七種穀物之一，《正法念經》上列有七十六種。世尊雖然認同米的價值，但也警告弟子們切勿吃得過量。

糙米的最大特色是胚芽。胚芽含有碳水化合物、脂肪、蛋白質、纖維素、維他命A、B_1、B_2、B_{12}、葉酸，和各種礦物質。至於糙米的藥效，計有下列幾種：

一、便秘：糙米有醫治便秘的功效。

二、循環器官：因含有維他命E，故能醫治心臟病，促進血液循環。防止動脈硬化，加強心臟機能。

三、腸胃病：防止腹內的異常發酵，也能解除內分泌的異常狀態。

四、貧血：富有造血作用。

五、不妊症、流產：暢通微血管的血流，充份提供胎兒所需的營養。

六、癌症：胚芽有防止癌症的功效。

其次為麥類，可以探究大麥、小麥和蕎麥。

大麥：佛經記載十七種穀物裡，也包括大麥。世尊在雨安居時，常吃大麥粉做的丸子，可以預防運動量不足引起的腳氣病。

大麥含有碳水化合物、脂肪、蛋白、纖維素、維他命B_1、B_2、尼可基酸和各種礦物質。麥芽在中醫裡用做強壯和營養藥品，也能醫治腳氣。麥芽能消化醣類，釀造啤酒。

小麥：也是十七種穀物之一。佛經稱爲「散麵」，把小麥蒸成粉末，也可用火熬成粉末，這是佛經教授的方法。

小麥含有多量碳水化合物、蛋白質、脂肪、纖維素、維他命B_1、B_2、尼可基酸和各種礦物質。

中藥用作鎮靜劑，緩和過敏性。它也能醫治炎症或止渴，甚至治療神經症狀，毆打被折斷身骨時，用醋拌攪小麥粉，貼在患處也有效果。

蕎麥：從前用蕎麥做乾糧，佛經記載，蕎麥製成粉，放在火上煎熬後可以食用。旅行時，蕎麥放些鹽可以食用。

蕎麥含有優良的蛋白質、碳水化合物、纖維素、維他命B_1、B_2、D和尼可基酸。

藥效有下列幾項：

一、便秘、高血壓：黑色外皮可以促進腸子的運動，利益便通。因爲它有利尿作用，故能排除體內的廢物，降低血壓。

二、驅蟲：驅除體內的寄生蟲。

三、動脈硬化、高血壓：蕎的莖與葉有路丁，而路丁能夠降低血壓，故可預防高血壓。

四、美容：含有西斯金（氨基酸之一），又因爲西斯金裡有硫磺，才會使美容有效果。

豆類與粥的價値

《倭名類聚鈔》上列舉的豆類有大豆、烏豆、珂孚豆、大角豆、小豆、野豆、扁豆等。相當於雜糧，食用也似乎很廣泛。

在諸多供養物裡，豆類不在少數。

豆類的營養價値，可以大豆、紅豆和黑豆（烏豆）爲例。

大豆：也包括在十七種穀物裡。

植物裡，大豆含有優質的蛋白，有完整的氨基酸。

縱使跟肉類相比，在維他命B_1和鐵質方面也不遜色。又因爲它屬於鹼性，故可彌補動物性的缺點，能給予血液和細胞方面相當活力。它含有麩胺酸，促進腦神經活動很有效果。

大豆蛋白質有制癌的效果，它能把色素和食品加工所含的毒素排出體外，藉此保護肝臟。

紅豆：十七種穀物之一。

佛經記述世尊患風疾時，常常用紅豆粥，腹痛時也吃三辛粥（放入米、胡麻和紅豆）把病醫癒。

紅豆不僅可以食用，自古以來也當藥物用。含有大量維他命B_1，外皮有利尿作用，也能促進通便。中藥也有處方用紅豆煮成「紅豆湯」。

它的藥效如下：

一、增進食欲：紅豆和糙米煮成紅豆粥，再放些鹽，可以增進食欲。

二、腳氣：醫治浮腫有效。紅豆煮水，再放些鹽後服用。

三、腎臟病浮腫、產後的腎炎：跟破布茶、風露草一起煮來吃，也很有功效。

四、糖尿病：跟昆布、南瓜等一起煮來吃也有效果。

五、強心、恢復疲勞、排尿：促進便通和循環器官的活動，也能強化心臟機能。

六、淋巴腺炎、乳腺炎：磨成紅豆粉末，貼在患部。

黑豆：也叫「烏豆」。大豆裡，以黑豆最有藥效。佛經裡記述，世尊常用黑豆醫治感冒、腹痛和食物中毒。它能防止血管老化，因爲它含有有豐富的酸類。

自古以來，黑豆可以當妙藥醫治氣喘，藥效如下：

一、感冒：把黑豆煎好，放些冰糖服下，也可以醫治咳嗽。

二、心臟病：把黑豆、玉蜀黍、糯米磨成粉末喝下，可以防止血管老化。

三、食物中毒、藥物中毒：若煎黑豆喝下，除了對付魚、鳥、獸等肉食中毒，也能醫好酒醉和藥物中毒。

四、關節神經痛、水腫：常吃黑豆，可以促進血行，排除不必要的水份和廢物。

五、胃潰瘍：黑豆和紫蘇葉一起煎後服下很有藥效。

六、毒蟲的刺傷：把生葉汁擦在布上。

在日本鎌倉時代，老百姓的主食有粥和雜炊類。粥除了純米粥以外，還有紅豆粥、蕎麥粥、蔬菜粥、山藥粥、粟粥等，各種海產既能煮粥也能把米、稗、蔬菜、豆類煮成稀飯吃。

在古印度時代，所謂蒲闍尼食，係指吃飯、麵（粉）和糒（乾飯）。其中，世尊最常鼓勵弟子吃粥。

佛經記載粥的類別有胡麻、紅豆、米的三辛粥、乳粥、酪粥、胡麻粥、油粥和清粥等。至於粥的效果，可以參照《十誦律》：「粥有五方面可以利益身體，一是除飢，二是解渴，三是下氣（舒暢便通），四是除掉腳下冷，五是消除便秘。」

同樣在《南傳大藏經．大品》上，也提到吃粥的效果有十種：「世尊向一個婆羅門說：『婆羅門呵，粥有十種功德。有哪十種呢？布施粥的施主，等於施予壽、施予色、施予樂、施予力、施予辯，吃粥可以減飢、除渴、順風、淨腹、助消化。婆羅門呵，粥有這十種功德。』」

由此可見，粥能夠解除飢渴、消除宿食、促進便通，增進消化力，同時也能增長壽命、光彩色澤、給予快樂與力量，增進辯才。

這裡含有食物的德性，尤其對於感冒和腸胃病人來說，吃粥最好。

蔬菜的藥效極大

蔬菜不僅食用價值多彩多姿，藥效也有許多種。所以，蔬菜類要分兩次說明。首先是日蓮大聖人時代，食物蔬菜中，不妨列出芋頭、山藥、蘿蔔、牛蒡、茄子和蒟蒻等。

芋（里芋）：也叫「家芋」，佛經上用做根食（藥品）之一。

里芋能協助肝臟的解毒作用，也能促進唾液腺賀爾蒙的分泌，以防止老化。

藥效有以下幾種：

一、發燒：煮來食用有退燒的功效。

二、便秘：促進消化，有利便通。

三、神經痛：煎皮，飯後服下芋汁。

四、肩硬、牙痛：用里芋泥加上薑汁與小麥粉攪拌，貼在患部。

山藥：又叫「自然生」，是日本的特產植物，自古以來，大家習慣食用山藥，乾燥後可充當中藥，具有強壯與強精等功效，又可用來止渴、止瀉等藥用。

山藥的最大特徵是促進消化，主要成份爲澱粉，也能生吃。藥效有以下三種：

一、促進消化，醫治下痢：因有澱粉的消化酵素，故在下痢時會促進消化，治癒下痢。

二、強精和滋養：對於病後衰弱症頗有功效，也能醫治過勞和虛汗。

三、糖尿病和夜尿症：服用煎過的山藥對這些頗有藥效。

蘿蔔：世尊在世常用做根食，也用它的葉與種子來醫治肩硬、腹痛、牙痛和中風等。它的藥效有：

一、腸胃病：胃腸機能欠佳時，不妨常吃蘿蔔泥。

二、便秘：蘿蔔的纖維可以整腸，防止腸內的異常發酵。

三、預防高血壓和腦出血，因它含有維他命D。

四、感冒、多痰：蘿蔔汁裡加些糖稀服下；把種子炒成粉，拌些糖水服下。

五、蘿蔔泥治療酒醉很有效。

牛蒡：據說原來產地在西亞，因爲含有豐富的纖維素，對胃腸很好，也能利益腎臟機能；對性賀爾蒙分泌有幫助。種子也有消炎與退燒的作用，所以，種子不失爲中藥良方。藥效如下：

一、利尿、浮腫、發汗：促進體內廢物的排出，加強腎臟機能，促進發汗作用，解除浮腫，把種子炒成粉末當茶水喝很不錯。

二、便秘：整腸力頗強，可以幫助排便。

三、強壯與強精：促進性賀爾蒙的分泌。

四、貧血：因爲含鐵質，故對於造血機能極有效。

五、腫物、化膿症：把種子煎成粉後服用，有消炎與排膿作用。

茄子：古代的印度醫生也用茄子當作藥物。

茄子的藥用部份是花、莖、果實和蒂。

茄子的藥效如下：

一、食物中毒、腸痛：把茄子蒂乾燥後磨成粉，再放入溫水裡喝下，也可服用燒黑粉末。

二、凍傷、皮膚病、痔：用茄子蒂的煎汁洗淨患處，或用胡麻油拌此花的燒焦粉末貼在患處。

三、口內炎、牙痛：用蜜拌攪蒂的燒焦粉，貼在患部。

四、乳腺炎：把蒂燒黑，用梅子肉攪拌後貼上。

蒟蒻：原產於印度，地下長有球莖的根。球莖含有蒟蒻，磨成粉後可以服用。富有營養價值，也能清潔腸子，一般人頗愛食用。

野生蔬菜的色香味美

在供養食品裡，有竹筍、山萮菜等。根據《倭名類聚鈔》上說，尚有蒿苣、薊、蕗、薺。

山萮菜：這種野生蔬菜的藥效如下：

一、防止魚肉中毒：把根磨成泥，服用後對中毒很有功效，亦有殺菌與解毒作用。

二、腸胃病：可做刺激性的健胃藥。

三、關節神經痛：痛時可把山萮菜貼在患部，必能解除痛楚。

竹筍：佛教醫學裡，常把竹子和竹筍當作諸藥。它能促進脂肪的代謝，防止脂肪沈著於肝臟。藥效如下：

一、便秘：促進腸子蠕動，以利便通。

二、強壯、強精：有利尿作用，可以淨化血液。

三、頭昏眼花：讓身體涼些，促進代謝作用，醫好頭昏眼花。

四、痲疹：促使發疹，早日治癒都有功效，喝了竹筍湯會發疹，之後也能順利治癒。

蒜、韭、蔥：這些都有強化精力的功效，可惜會放出強烈的臭氣，所以，世尊才用戒律禁吃，若吃熟食會刺激人的淫念，若是生吃也會引發人的恚意。但在治病的時候，不必理會這些戒律。

蒜屬於多年生草木，世尊在腸胃病、心臟病或皮膚病時也用蒜當醫藥品。蒜會強化維他命 B_1 的消化吸收，增加持續性。它的藥效如下：

一、鎮靜、健胃、整腸、去痰、利尿、發汗和退燒：常吃鱗莖或服用少量的生蒜，甚至將鱗莖磨成泥汁放進酒裡服用也有效。

二、心臟病、動脈硬化：服用兩三粒燒好的蒜頭。

三、皮膚病：切片或絞成汁貼在患部。

韭菜的成份跟蒜類似，所以，藥效也差不多。

一、健胃、強壯、整腸、氣喘：服用韭菜汁有效。

二、切傷、火傷、漆瘡：當外傷藥，可用布擦患處。

三、鼻血、吐血：喝韭菜汁，把生葉放進鼻孔對止血有功效。

其次是蔥，佛教醫學也採用當根食。藥效如下：

一、腸胃病、強壯和冷感症：生蔥配豆醬吃下，或把生蔥煎來喝也可以。

二、感冒：白根部份切掉，加些生薑，泡熱開水喝。

三、關節神經痛：蔥加些芥末粉和大麥，放進袋裡，用水煮後，稍溫時貼在患部。

薺：春季的七草之一，有止血作用，可以制止子宮或肺部出血。腸痛與下痢時，可將薺燒黑服用。若有高血壓、月經不正常、利尿或退燒等症狀，不妨將莖葉煎後喝下。

芹：也是春天七草之一。它含有豐富的維他命A、B_1、B_2、C、D和葉酸等維他命，以及鐵質，屬於鹼性食品。藥效方面是，黃疸病及退燒都很有用，也能醫治貧血。將芹菜磨碎加些水過濾，用火煮後服下。

水果的藥效

日蓮大聖人經常收到的水果有蜜柑、石榴、栗、柿子、柚子、瓜、梨。根據他的《御書》記載，當時常吃的水果有胡桃、桃子、杏子、通草和草莓等。再看它的藥性價值如下：

蜜柑：果皮特別有效，果汁也有豐富的營養。

一、感冒、支氣管炎：把陳皮、薑和甘草等一起煎後服用。

二、喉嚨痛、咳嗽：把柑燒黑後浸在熱開水裡服下，或把燒黑的末片用蜂蜜攪拌後喝下。

三、皮膚裂痕、凍傷：用胡麻油攪拌後，當作外用藥劑貼上，或將果皮放進袋裡，再浸在洗澡水裡洗身。

四、乳汁不足：柑子葉、糯米和甘草等一起磨成粉，好好用油混合後服下，很有功效。

石榴：跟柿子、桃子等有同樣卓越的價值，在佛教醫學裡很受重視。佛經上常以安石榴、吉祥果等名詞出現，它的皮、幹、枝和根皮等乾燥後，都可以當作中藥。

一、扁桃腺炎、咽喉黏膜炎：用水煎一個石榴果實，當作咳嗽藥來用，也能消除口臭。

二、乳腺炎：把乾燥的石榴花磨成粉，灑在患處。

三、下痢：煎服石榴皮，或加些甘草一起煎服。

四、白帶、濕疹、水蟲：用煎液洗滌會有效果。

五、驅除條蟲：空腹時，服用煎液。

栗：佛教醫學的果食（藥）之一。

據說栗子能治漆瘡，因爲它含有豐富的丹寧。藥效如下：

一、痱子、漆瘡：用生葉的汁，或葉、樹皮的煎汁來洗滌，或用布擦洗。

二、下痢：吃栗子或把栗子花煎後服用，可以治好。

三、百日咳：煎栗子葉服用。

四、腎臟病：煎栗子葉服用。

五、火傷、乳腺炎：把生的栗子弄碎來貼在傷處。

六、魚類中毒：把生的栗子跟核液一塊嚼食，可以治癒。

柿子：也當作果食藥物之一。

柿子分成甜柿與澀柿，野生的屬於澀柿，含有多量的丹寧。柿子葉含有維他命C，可以強化微血管。果實可以解決口渴，也有尿尿作用。

佛教醫學記載，世尊等人到處弘法時，隨身攜帶柿子，不僅解決口渴，被毒蟲或蛇咬到時，也可以當救急藥品。藥效是：

一、打嗝：把柿子蒂煎來服用。

二、斑疹、燒傷燙傷、被毒蟲咬傷、痔出血：用柿的核液擦於患部，把柿子弄碎跟糖一起攪拌，在患處擦撫。

三、高血壓、動脈硬化：吃生柿子會有多量維他命C。

四、夜尿症：煎柿子蒂來服用。

柚子：在柑橘類中含有最多維他命C。藥效如下：

一、食欲不振、消化不良、氣喘：割開果實，取出內物，包裹胡麻和豆醬，再用火燒成柚豆醬後食用。

二、感冒、酒醉：喝果汁或泡熱開水喝，剖開生果沾蜂蜜，泡熱開水喝。

三、凍裂傷、凍傷：用布塊沾一些果汁擦在傷處，或將果皮磨成泥加些酒擦在傷口。

海藻、鹽、醋和酒也能醫病

最後談到海產、調味品和酒等。

海產的種類繁多，例如小藻、昆布、紫菜等。

海藻：有豐富的維他命A和D，昆布和紫菜裡更多。海藻是鹼性食品的代表。

佛教醫學尤其重視海藻的昆布。藥效如下：

一、動脈硬化、高血壓：常吃昆布可以降低血壓。

二、強壯、治癌、造血、淨血、促進全身的新陳代謝。

三、神經衰弱：加強神經細胞的抵抗力。

四、糖尿病、肥胖：醫治代謝方面的毛病。

五、竹筍中毒：尤其吃嫩芽最好。

六、心臟病：常吃嫩芽最好。

七、防止老化：羊栖菜的藥效特別好。

鹽：在佛教醫學裡不僅用做調味品，也可當作鹽藥用。佛經記載五種的名稱：烏鹽（岩鹽）、紅鹽、白石鹽、種生鹽（黑鹽）、海鹽，藥效如下：

一、健胃、整腸：喝鹽水。

二、火傷、撞傷：火傷時，著鹽可以防止火腫。撞傷時，把鹽與醋放些水一起煎，再用煎液溫撫之。

三、出血：如果外傷，可用鹽研磨進去。若傷在口腔裡，可用鹽茶漱口。

四、食物中毒：想吐又吐不出來時，可喝下微溫鹽水。

五、便秘：喝些鹽水。

但若吃太多鹽，也會增高血壓，加重腎臟機能的負擔。

醋：可以當作藥品，藥效如下：

一、治昏倒：把醋燒溫，讓他呼吸其蒸氣。

二、頭癬、白癬：用醋擦患部。

藥酒：在佛教醫學裡，可以調配各種藥草與果實，釀造藥酒來治病。日蓮大聖人也利用信徒的供養品，釀造藥酒治病。

一、黑豆酒：常吃黑豆會防止血管老化。黑豆酒預防心臟病、高血壓頗有功效。

二、燒酒：可以促進消化，解除食欲不振。

三、栗酒：對於高血壓和肝臟等毛病有效，因爲它含有丹寧，和多量的維他命C。

四、梨酒：梨子可以退燒、止咳，感冒可以喝梨酒。

五、昆布酒：醫治高血壓與動脈硬化有效果。

六、柚子酒：對於增進食欲有助益。

國家圖書館出版品預行編目資料

初心至簡：佛陀的身心靈悟語 / 川田洋一著. --
初版. -- 新北市：華夏出版, 2023.03
面； 公分. -- （Sunny 文庫；058）
ISBN 978-986-99046-6-7（平裝）
1.佛教 2.醫學

220.16 109006044

Sunny 文庫 058
初心至簡：佛陀的身心靈悟語

著 作 川田洋一
印 刷 百通科技股份有限公司
電話：02-86926066 傳真：02-86926016
出 版 華夏出版有限公司
220 新北市板橋區縣民大道 3 段 93 巷 30 弄 25 號 1 樓
電話：02-32343788 傳真：02-22234544
E-mail： pftwsdom@ms7.hinet.net
劃撥帳號 19508658 水星文化事業出版社
總 經 銷 貿騰發賣股份有限公司
新北市 235 中和區立德街 136 號 6 樓
電話：02-82275988 傳真：02-82275989
網址：www.namode.com
版 次 2023 年 3 月初版一刷
特 價 新台幣 320 元（缺頁或破損的書，請寄回更換）

ISBN-13：978-986-99046-6-7